찬란한 유산

灿烂的 遗产

| 강석진과 동명목재상사
姜锡镇和东明木材公司

찬란한 유산

灿烂的 遗产

강석진과 동명목재상사
姜锡镇和东明木材公司

윤미영 지음

KSi 한국학술정보[주]

동녘의 밝음으로서

조국과 민족이
억지 잠을 자고 있을 때
밝은 미래의 눈빛으로
깨어 꿈틀거리던
그분,

자연의 섭리를
수직과 직각으로 깨달으시어
미리 원의 철학을 이룬
그분,

사람들에게는 지혜의 빛으로서
땅에게는 동녘의 밝음으로서
번민과 가난에 허덕이는
무리의 삶을
찰진 사랑으로
든든하게 이끄셨으니
샘이시어든
초목의 뿌리를 흠뻑 적셔
넘쳐 강 되어
바다에 이르시리라.

책을 펴내면서

동명 강석진 회장(1907. 12. 21.~1984. 10. 29.)은 1925년에 19세 나이로 동명제재소를 설립하면서 사업가로서의 출사표를 던졌다. 그는 역경 속에서도 굴하지 않고 사업의 성장·발전을 위하여 끊임없이 생각하고 부지런히 뛰어다니면서 동명제재소의 확장을 계획하고 있었다. 그리하여 1949년 부산 범일동으로 공장을 이전하고 동명목재상사로 회사명을 개칭하면서부터 본격적인 사업을 추진해 나갔다.

한국은 처음부터 무역을 통한 경제입국을 목표로 정하고 수출정책을 강조하였다. 그리하여 1964년 11월 30일, 한국은 역사상 최초로 한 해 수출액이 1억 달러를 돌파하게 되었고 정부는 이날을 기념하기 위하여 '수출의 날'을 제정했다. 처음으로 해외시장을 누빈 합판산업은 1964년 수출특화산업으로 지정되면서 총 생산량의 70~80%를 수출하는 유망 업종이 되었다.

한국의 수출드라이브 정책은 동명목재상사의 합판 수출로 그 서막을 열었다. 문자 그대로 강석진 회장은 현대 한국경제의 견인차가 되어 오늘의 번영을 이루는 데 큰 공로를 세웠다. 국내 개인기업 부분에서 1위로 부상한 그는 재계의 거물로 지목받기 시작했으며 1968년부터 1971년까지 연이어 4년간 국내 수출 최고상을 수상했고 대통령상도 무려 20회나 받았다.

동명목재상사의 합판은 한국의 수출을 주도했고 약 20년 동안 10대 수출상품으로 그 자리를 지켜 왔다. 이렇게 강석진 회장은 세계 최대의 합판회사를 경영하면서 60년대와 70년대에 한국 수출산업의 선구자 역할을 하게 된 것이다. 따라서 "단일 품목 중 한국 최대 규모인 동명합판이 한국 수출에 한 획을 그었다"라는 표현은 과장된 것이 아니었다.

강석진 회장은 "기업의 발전이 곧 국가의 발전"이라는 신념을 가지고 있었다. 그의 투철한 국가관은 개인이나 기업의 권리보다 국가의 필요와 당위를 먼저 생각하는 것이다. 그러므로 동명목재상사는 합판 수출로 국익에 보탬이 되고 경제 발전에도 기여하는 기업이었다.

동명의 반세기는 한국경제의 역사라고 해도 과언이 아니다. 동명목재상사는 한국전쟁 이후 합판생산으로 성장가도를 달렸다. 동명목재상사가 단일 합판공장으로 세계 정상의 자리에 우뚝 설 수 있었던 기반은 바로 1960년대에 다져진 것이었다. 이러한 바탕 위에 꾸준히 발전해 온 동명목재는 지난 반세기 동안 한국 경제사에 수많은 업적과 성과를 남겼다.

광복 이후 한국의 주요 정책은 경제 성장이었다. 조국 광복을 위해 몸 바쳤던 독립운동가처럼 경제 발전을 위해 헌신했던 기업인들의 공적도 충분히 주목받아야 한다고 생각한다. 이러한 차원에서 보면 강석진 회장은 일생 동안 목재업에 투신하면서 한국 수출을 이끈 선구자로서 국가경제 발전에 크게 기여한 기업인으로 반드시 기억되어야 할 인물이라고 본다.

이 책에서는 먼저 수많은 신화를 창조했던 동명목재상사가 한국 경제 발전에 끼친 영향 등을 고찰하고 또 한국의 재계사 (財界史)에서 의미가 큰 동명그룹의 창업주 강석진 회장의 발자취를 꼼꼼하게 살피면서 그의 리더십이 빛을 발하는 이유를 낱낱이 밝혀내려고 한다.

그의 도전정신과 치밀한 분석과 판단력은 오늘날의 우리에게 교훈과 용기 그리고 진취적인 기상을 고취시켜 준다. 이제 거인의 시대는 끝났지만 그가 남긴 정신적인 유산은 좀 더 연구하고 발전시켜 미래를 개척하는 초석으로 삼아야 할 것이다.

2011년 6월
동명대학교에서
윤미영

목 차

제1장 가장 큰 유산, 근검

1. 조선왕조 말기에 출생

강석진 회장이 태어난 1907년은 일본이 헤이그(Hague) 밀사사건을 구실로 고종을 퇴위시키고 한일신협약(韓日新協約)이 강제로 체결된 해이다. 이에 따라 조선통감부는 입법 – 사법 – 행정 전반에 통치권을 장악하고 명목뿐인 한국인 대신(大臣) 아래에 일본인 차관이 실권을 장악하는 차관정치가 실현되었다.

경제적인 측면에서 보면 1910년 일본은 한국에 대한 지배권을 확립하자마자 토지조사사업을 착수하여 더욱 혼란을 가중시켰다. 일제가 2,040여만 엔(圓)의 경비를 투입하여 조선의 토지 소유권 · 토지가격 등을 조사한 후에 토지제도와 지세제도를 확립함으로써 식민통치의 기초를 마련하고자 하였는데 이를 '조선토지조사사업'이라고 불렀다. 이 사업은 1910년 한일합방 직후부터 진행되어 1918년에 완료되었다.

훈장 받은 모습

1918년 미국의 대통령 우드로 윌슨(Woodrow Wilson)이 발표한 "각 민족은 자신의 정치적 운명을 스스로 결정하며 외부의 간섭을 받지 않아야 한다"는 원칙의 민족자결주의는 당시 강대국의 지배를 받던 전 세계의 수많은 약소민족들에게 커다란 희망과 용기를 불러일으켰다. 이처럼 민족자결주의에 따른 세계적 흐름은 한국과 무관하지 않아 곧이어 국내에도 전해져 독립운동이 활발해지는 계기가 되기도 했다.

그리하여 한일합방 이후 일본의 부당한 침략에 항거한 의병(義兵)과 의사(義士)들이 각지에서 일어나 1919년의 독립만세운동으로 표출되었으며 온 국민의 가슴에는 민족혼이 일고 있었다. 강석진 회장의 유년기도 이즈음의 역사적 분위기에 놓여 있었다고 볼 수 있다.

강석진 회장은 1907년 12월 21일, 경상북도 청도군 풍각면에서 3남 2녀 가운데 막내아들로 태어났다. 그는 부모와 삼촌, 형제들과 함께 살면서 행복한 유년기를 보냈다.

조부가 생존해 있을 당시에는 1년에 쌀 500석 이상을 수확하는 대부호였고 부친은 유학에 깊이가 있는 선비였다. 강석진 회장은 어릴 때 부친으로부터 교육을 받아 유학에도 남다른 지식을 가지고 있었다. 그러나 그의 행복한 유년시절도 그리 오래

지속되지는 않았다.

조선 말기의 혼란과 무질서로 인해 사람들의 가치관과 도덕성이 상실되어 인간의 존엄성은 무시되고 사회규범은 더 이상 지켜지지 않게 되었다. 밤이면 화적 떼들이 침입하여 알뜰히 지어 놓은 곡식을 수탈하기가 일쑤였다. 이때를 즈음하여 그의 집안도 송사(訟事)에 휘말려 가세가 기울어지기 시작했다.

그리하여 어린 시절의 그는 지독한 빈곤 속에서 성장할 수밖에 없었다. 유학에 조예가 깊은 부친으로부터 배운 약간의 유교적 지식 이외에는 온전한 교육을 받지도 못하고 지금의 초등학교인 보통학교를 겨우 마칠 정도였다.

생계를 해결하기 위하여 그는 아버지를 따라 잠시 외가에 머물기도 하고 때로는 출가한 누님 댁에 얹혀 지내는 처지가 되기도 하였다. 그러나 불우한 환경 속에서도 소년 강석진의 마음속에는 "어떻게 해서라도 돈을 벌어 지긋지긋한 가난에서 벗어나야겠다"는 생각으로 가득 차 있었다.

15세가 되던 해 대도시로 나가 성공하겠다는 커다란 포부를 안고 부산으로 와서 첫발을 디딘 곳이 바로 일본인이 경영하는 가구점이었다. 그의 성실하고도 근면 정직한 성품이 곧 주인에게 인정을 받게 되었고, 평소 부친의 교훈인 "정신만 집중하면 어떤 어려운 일이라도 이루어 낼 수 있다(精神一到 何事不成)"는 글을 생활신조로 삼고 기술을 익히면서 남다른 노력을 다하였다.

그는 이에 만족하지 않고 내 힘으로 내 사업을 이룩하겠다는 신념을 키워 나갔다. 그리하여 가구공장에서 얻은 경험을 살려

1925년에는 드디어 부산 좌천동에 조그마한 동명제재소를 설립하였다. 이것은 후일 세계 최대의 합판 메이커(maker)로 성장하는 동명목재상사의 발판이 되었던 것이다.

2. 19세에 동명제재소 사장이 되다

강석진 회장이 부산에 첫발을 내디딘 것은 1921년 15세 때였다. 그 당시 일본인들이 한국에 입국할 때의 관문은 부산이었다. 일본은 한국에 대한 경제적 침략의 발판으로 부산을 주목했기 때문에 초창기부터 부산은 일본인들로 구성된 상권(商圈)이 이미 조성되어 있었다.

한국에 대한 일본의 침략정책 중 경제적인 부분이 많았던 만큼 점차 상권이 일본인에게 편중되는 현상을 가져왔던 것이다. 당시 부산지역의 산업은 양조업, 정미업, 제염업 등 농산가공품 공업이 주류를 이루고 있었지만 한국인의 민족자본은 여전히 원시적 산업구조의 틀에서 벗어나지 못하고 있었다.

그런 까닭으로 한국의 상공업은 규모가 작고 보잘것없는 상태였으며 대부분의 상인들은 장터를 옮겨 다니는 보부상(褓負商)과 같은 형편이었다. 결국 일제시기의 한국경제는 철저한 예속경제였으므로 민족경제라

일본인의 부산 입항

는 것은 거의 찾아볼 수가 없었다.

당시 부산 좌천동에는 작은 상점과 공장들이 많이 들어서 있었다. 적수공권(赤手空拳)으로 부산에 오면서부터 그가 가슴에 품었던 것은 오직 살아야겠다는 한 가지 생각과 어떤 고생이라도 참고 노력하여 돈을 벌어야 한다는 집념이었다.

그가 한 일본인의 가구공장에 발을 들여놓았다. 이것이 그의 인생에서 새로운 출발점이 되어 주었다. 그러나 고향을 떠난 순간부터 부산에서의 생활은 상상하기조차 어려운 상황들의 연속이었다. 목숨을 유지하기 위하여 먹고 자는 일이 가장 큰 과제였던 시절이었다.

그는 목수 옆에서 잔심부름을 하면서 작은 일부터 배워 나갔다. 특히 손재주가 좋았던 그는 노력도 대단했지만 소질도 있었다. 이것은 그가 나무와의 인연을 맺게 되는 시초가 되었고 또 힘든 고통의 시작이었다.

그는 열심히 일을 배웠고 한 푼 두 푼 모으면서 결코 낭비하지 않았다. 때로는 허기에 지쳐 작업 중 쓰러지기도 했지만 억척 소년인 그는 더욱 마음을 굳게 다져 나갔다.

그는 나무에 대해서 거의 천재적인 능력을 가지고 있었다. 나무마다 성질과 수분이 다른 것을 식별할 줄 알았고, 천연건조에 대해서는 이미 전문가의

강석진 회장의 친필

수준에 도달하고 있었다. 아침에는 나무를 45도 방향으로 옮기고 오후에는 또 다른 방향으로 바꾸어 놓았다. 그리고 밤이 되면 나무를 덮어 주어 틀어지지 않게 하면서 좌우십자(雙十字) 모형을 개발하기도 하였고, 톱밥의 양만으로도 일의 작업량을 알 수 있을 정도로 전문가가 되어 있었다. 이와 같이 어린 시절 삶의 현장에서 막일을 마다하지 않고 노력했던 경험이 그에게 소중한 지혜를 공급해 주었던 것이다.

그리하여 강석진 회장은 1925년 4월 부산 좌천동에 10평 남짓한 동명제재소를 설립하였다. 당시 제재업은 일본인들의 전유물로 여겨지던 시대였는데 무명의 조선인 청소년이 공장을 설립하자 의아하게 생각하는 사람들도 적지 않았다. 그런 가운데 그는 신용을 철저하게 지켜 나가면서 대인관계도 잘 풀어 주위의 견제와 경계를 신뢰로 바꾸어 놓았다.

이렇게 노력한 결과 사업기반과 자금이 어느 정도 비축되기 시작하면서 그는 더 큰 장소로 옮겨 본격적인 목재업을 하겠다는 야망을 가지게 된다. 즉 사업의 제2 도약단계에 접어든 셈이었다. 특히 1950년 한국전쟁 이후에는 전쟁 복구사업과 미군의 입국으로 합판의 수요가 늘어나면서부터 동명목재상사의 합판은 날개 돋친 듯이 팔려 나갔다.

10평 내외의 좁은 장소에서 동명제재소를 설립하고 경영인의 길로 들어선 그가 40년 후에는 대지 210만 평에 5만여 평의 건물과 종업원 일만여 명을 거느리고 타 기업의 추종을 불허하는 연간 매출액 500억 원 이상을 돌파하는 단일품목 생산 공장으로

는 세계 제일을 자랑하던
동명목재상사를 설립한다.

동명그룹 전경

남들보다 열악한 환경에
서 가난하고 많이 배우지
도 못한 그가 한 나라의 수
출왕이 되고 경제계의 거
목으로 군림하면서 불멸의
공적을 쌓을 수 있었던 것은 단지 시세를 잘 탄 행운 때문만은
아니었다. 어린 나이에 비록 의식주를 해결하기 위해 가구공장
을 찾았지만 이 일이 결코 우연한 일은 아니었다고 본다. 이것은
바로 그의 소질과 잠재력의 발로였던 것이다.

그가 평소에 언급했던 교훈 중에 "목재는 인간과 밀접한 자
연물이고 영원한 소재이다"라고 한 것으로 보아 가구공장의 견
습공이 된 것은 확고한 목적의식을 가진 선택적 행동의 결과였
다고 여겨진다.

또 그가 남긴 말 중에 "『근학초권(勤學初卷)』에 '목덕지광(木
德之光)'이라는 말이 있다. 사람은 나무의 덕으로 산다는 뜻이
다. 그래서 나무사업을 시작한 것이다"라고 언급하기도 하였다.
실제로 나무에 대한 그의 애착심과 관심은 대단하였다. 그때 그
는 나무 사업만이 돈을 벌 수 있는 시대적 상황이요, 가난을 벗
어나는 첩경이요, 국가-사회에 봉사할 수 있는 길이라고 판단
했던 것이다.

3. 청소년 시기에 형성된 경영윤리

강석진 회장의 천자문 필사본

강석진 회장이 부산의 가구공장 견습공으로 사회에 첫발을 내디딘 것은 1921년 15세 때였다. 그가 처음으로 창업을 시도했던 1925년의 민족경제는 소규모의 가내수공업과 원료가공업의 단계를 크게 벗어나지 못하고 있던 시기였다.

그러나 4년간의 각고 끝에 불과 19세의 청소년이 동명제재소를 창업하고 이후에는 거듭 성장해 나갔다. 기업가로서 약 50년의 생애는 상전벽해(桑田碧海)와 같은 역경의 철학이 담긴 험난한 여정이었다. 이렇게 어려운 시기에 더군다나 19세의 청소년이 창업을 할 수 있었던 배경에 대하여 살펴보려고 한다.

첫째, 그의 부친이 서당훈장이었다는 점에서 엄격한 유교적 가정교육을 받았을 것으로 추정된다. 따라서 훗날 그의 인격 형성은 물론 사회활동에도 유교적 윤리관이 크게 영향을 끼친 것으로 판단되고 있다.

『논어(論語)』에 의하면 제자 자공(子貢)이 공자(孔子)에게 정치에 관해 질문을 하자 공자는 "족식(足食), 족병(足兵), 민신지(民信之)"를 언급하였다. 여기에서 '족식'은 의식주의 해결, 즉 민생문제의 해결을 의미하고, '족병'은 군사문제의 해결을 의미하고, '민신지'는 백성들의 신뢰를 의미하는 말이다.

이렇게 볼 때 공자도 정치에 있어 가장 중요한 요소 가운데 하나를 경제문제에 두고 있음을 알 수 있다. 이와 같은 유교의 경제관과 빈곤했던 현실체험은 경제적 자립을 굳히게 되는 계기가 되었을 것이며, 이러한 정신은 곧 청소년기의 창업으로 이어졌다고 보아야 할 것이다.

둘째, 그가 1921년 고향을 떠나 부산에서 가구공장 견습공 생활을 한 지 불과 4년 만에 19세의 청소년이 동명제재소를 설립했다는 점이다. 당시 한국인의 임금은 일본인에 비해 훨씬 저렴한 수준이었다. 집짓는 대목수의 임금은 일본인에 비해 약 63%에 불과해 당시 물가와 비교해 보면 자기 자본 축적으로 창업을 한다는 것은 실로 불가능한 일이었을 것이다.

〈기업회사 국적별 조사표〉

(단위: 1,000원)

	1920년		1929년	
	회사 수	자본금	회사 수	자본금
일본인 설립	414(76.1)	151,893(83.1)	1,237(70.1)	193,737(62.4)
한국인 설립	99(18.3)	19,204(10.5)	362(20.5)	19,878(6.3)
한일합동설립	29(0.3)	9,583(5.2)	165(9.3)	95,785(31.0)
외국인 설립	2(0.3)	2,150(1.2)	4(0.1)	1,221(0.3)
계	544 (100%)	182,830 (100%)	1768 (100%)	310,621 (100%)

동명목재의 충효사상 강조

그럼에도 불구하고 제재소 건립이 가능할 수 있었던 것은 유가적 가문에서 태어난 그의 인간적 성실성과 근면-절약 정신 그리고 강인한 자립의지가 이미 유년 시절부터 몸에 깊이 배어 있었기 때문이다. 결국 대기업가로 성공할 수 있는 자질을 그는 이미 갖추고 있었던 것이다.

셋째, 1925년 설립한 동명제재소는 1945년도에 이미 합판제조 및 제재공장을 확장할 수 있을 정도로 내실 있는 기업으로 성장했다는 점이다. 특히 한국인의 기업들이 영세성을 극복하지 못하고 있던 이 시기에 제조업 분야에서 생산시설을 확장할 수 있을 정도의 기업 잠재력을 갖추었다는 점은 이후 대기업으로 발돋움할 수 있는 디딤돌이 마련되었음을 예증하는 것이다.

또한 민족자본 축적이 어려운 시기였음에도 불구하고 이러한 자립기반을 구축할 수 있었던 것은 역시 앞서 언급한 바와 같이 그의 근검 · 절약 · 성실한 인간관이 거두어들인 결실이라고 생각한다.

이와 같이 1925년 19세의 청소년이 열악한 사회적 여건을 극복하고 창업했다는 것은 부친에게 배운 유교의 영향 때문이라고 본다. 따라서 이러한 시대적 악조건과 일제 식민지 수탈정책에도 불구하고 광복 이후에는 동명목재상사로 개칭하면서 기업적 기반을 다질 수 있었던 것도 근면 - 성실한 그의 인간성이 밑거름되었기 때문이다.

결국 청소년기의 창업기반은 유교의 윤리적 원칙인 근면, 검약, 신용, 정책, 합리성 그리고 자기 통제에 근거하여 나타나고 있으며 유교의 충효에 기반을 둔 국가관 등이 반영된 결과로 볼 수 있다.

제2장 동명목재상사의 설립과 발전

1. 합판산업에 전념하다

해외 벌목현장에서

목재공업은 산림자원에 기반을 둔 노동집약적인 소재산업이면서 특히 운송비와 보관비가 큰 비중을 차지하는 산업이다. 우리나라는 산림면적과 헥타르(ha)당 임목 축적량이 매우 낮아서 원목의 대부분을 수입에 의존하는 실정이므로 목재업의 발전에는 무엇보다 인징직인 톡새 확보가 매우 중요한 핵심이다.

강석진 회장은 1925년 4월 부산 좌천동에 약 10평 남짓한 동명제재소를 설립하였다. 당시의 제재업은 전체 공업 생산량 중에서도 차지하는 비중이 극히 저조하였다. 광복 이전 우리나라의 목재공업은 대체로 원시적 형태를 벗어나지 못한 소규모의 수공업 체제로 약 2,500여 개의 관영수공업 형태의 제재소들이 산간지대를 중심으로 여기저기 흩어져 있는 실정이었다.

특히 1930년대 후반기에는 목재업의 총생산 비율이 점점 낮아지는 반면에 화학 금속공업 분야의 총생산 비율은 증가하고 있었다. 일본이 대륙침략의 정책으로 1931년의 만주사변(滿洲事變)과 1937년의 중일전쟁(中日戰爭)을 감행하면서 한국의 공업도 중화학 공업으로 바뀌고 있었기 때문이다. 이러한 시대적 배경을 감안한다면, 이 시기에 목재공장을 건립했던 그에게 많은 어려운 일들이 있었을 것으로 추정된다.

일본은 침략전쟁을 계속 추진하면서도 한국인이 건립한 기업의 성장을 그냥 보고만 있질 않았다. 일본은 기업정비령(企業整備令)을 내세우며 한국인이 경영하는 대규모의 공장들을 빼앗아 버렸다. 어렵게 설립한 동명제재소도 예외는 아니어서 문을 닫을 수밖에 없었다. 일제의 침탈로 애착을 가지고 설립했던 공장을 폐쇄하면서 그는 억울함에 눈물을 흘렸다고 한다. 모든 한국인들이 그랬던 것처럼 그도 어려운 시기를 보내게 된다.

1945년 8월 조국 해방 후 국제연합(UN)의 신탁을 받은 국가가 한국의 일정한 지역을 통치한다는 '신탁통치(信託統治)'에 대하여 한반도는 좌익과 우익으로 양분되어 매우 격렬해지고 있었다.

이때 그는 목재업에 다시 뛰어든다. 그는 제재소에서 각목과 합판만 판매해도 높은 수익을 올릴 수 있을 것이라고 판단했지만 당시는 합판에 대한 인식 부족으로 대중화가 되지 않아 합판이 거의 팔리지 않았던 것이다. 그래서 한때는 사채로 겨우 경영을 유지해 나간 적도 있었지만 그가 합판 생산에 관심을 가지게 된 것은 다음과 같은 확신 때문이었다.

첫째, 원자재 효용의 극대화를 들 수 있다. 광복 이전에는 원자재가 되는 원목을 강원도와 양강도의 백두산 그리고 일본 등에서 가져와 사용했다. 그러나 우리의 국토가 남북으로 양분되자 원목을 구하기가 매우 어려운 상황에서 규격에 맞는 판재(板材)와 각목(刻木)을 자르고 남는 자투리나 토막은 전혀 쓸모가 없어 자원의 손실과 낭비가 매우 심각하였다. 하지만 합판을 만들려면 이런 자투리와 토막까지도 모두 제품의 자재로 사용할 수 있기 때문에 낭비도 막고 원가 절감에도 도움이 될 것이라고 그는 확신했던 것이다. 결국 원자재 효용의 극대화는 곧 그의 절약정신이 반영된 결과라고 할 수 있겠다.

둘째, 그의 끊임없는 연구와 개발의 결과이다. 당시만 하더라도 합판은 건축자재로 일반화되지 못하였다. 우리나라는 임목 축적량이 매우 낮아서 판재가 귀하므로 결국 각목이 모자라다 보면 자연히 새로운 대체 자재의 수요가 늘어날 것이라고 생각했다. 그때를 대비하여 단단하면서 가볍고 미관상으로도 좋은 합판이 제조기술과 생산 공정을 연구·개발하여 화려한 문양과 색채의 질이 좋은 합판을 만들어 낸다면 반드시 성공한다는 확신을 가지고 있었던 것이다.

그는 이와 같은 신념을 가지고 역경 속에서도 굴하지 않고 사업의 성장·발전을 위하여 끊임없이 생각하고 부지런히 뛰어다니면서 동명제재소의 확장을 위해 노력하였다. 그리하여 1945년 1월 부산 범일동의 새 대지에 공장을 짓고 생산시설을 갖추면서 공사를 진행해 나가던 중 조국 광복을 맞이하게 된다.

범일동 공장의 현재 모습

그는 새로운 각오로 신설한 공장으로 이전을 하면서 지금까지의 목재사업뿐만 아니라 합판 생산을 위한 기계설비 체계도 갖추게 된다. 목재사업에 일생을 바치겠다는 일념으로 합판공장을 세웠던 것이다. 그리하여 1949년 1월, 동명목재상사로 회사명을 개칭하고 사장으로 취임하면서부터 본격적으로 사업을 추진해 나간다.

그러나 해방정국의 무질서한 사회정세로 인하여 모든 사업체가 위기를 맞게 된다. 그런 가운데 동명목재상사는 공장 이전과 기계설비로 막대한 자금이 투입되었지만 결국에는 운영 자금마저 고갈되어 극도의 위기국면을 맞기도 한다. 그러나 오래지 않아 그의 예견은 현실화되어 합판의 수요가 점점 늘어나기 시작하더니 곧 위기상황에서 벗어나려고 하던 바로 그때 민족의 대참화인 한국전쟁이 발발했다. 이 민족적인 비극이 오히려 동명목재상사의 비약적 발전의 계기가 될 줄 그 누가 알았겠는가.

2. 한국전쟁과 동명목재상사

한국전쟁이 남긴 비극

1950년 6월 25일 한국전쟁
이 발발했다. 전쟁으로 생산
시설과 주택까지 파손되어 국
민의 생활기반은 완전히 파괴
되었다. 36년이라는 긴 세월
동안 일본의 식민지배하에서

민족 경제는 몰락한 상태였는데 또 이 비극적인 전쟁으로 인하
여 한국 경제는 완전히 공백 상태에 빠진 상황이었다. 전쟁이
한국 경제에 남긴 물질적 피해는 대략 30억 달러였다고 한다.

1953년 휴전협정 직후 대한민국의 1인당 국민총생산(GNP)은 67
달러로 세계 최빈국(最貧國)이었다. 1960년까지 지속된 미국의 원
조가 17억 3천9백만 달러였다는 사실을 감안해 본다면 그 피해가
얼마나 컸는지를 짐작할 수 있을 것이다. 한국경제는 파괴된 생존
기반과 생산시설을 복구하는 일에 혼신의 힘을 다해 매달려야 했
으며 복구라기보다는 처음부터 다시 창조해야만 하는 시기였다.

한국전쟁 이후의 사회는 여전히 혼란하고 불안했지만 우리나
라 건축업계에 새로이 등장한 힙핀은 싱수기를 맞은 셈이었다.
즉 전쟁이 끝난 후에 한국은 큰 전환기를 맞이한다. 주택건설과
각종 복구사업, 인구 증가 등으로 목재업이 급속하게 성장할 수
있는 사회적 환경이 조성되기 시작했다.

그는 날개를 단 것처럼 천부적인 재능을 발휘하면서 어려운

상황을 극복하고 단숨에 사업을 정상 궤도에 올려놓았다. 동명목재상사는 합판생산 체제를 갖추고 도약의 발판을 마련했다. 당시만 해도 뛰어난 가공기술을 필요로 하는 합판생산이 전혀 없었기 때문에 나무판자와 같은 단순한 목재가 주요 건축 재료였다. 그러나 합판은 단단하고 가벼우며 가공이 쉽고 사용범위가 넓어 생산하자마자 인기가 폭발했다. 동명목재상사에서 일하는 200여 명의 근로자들은 수요를 맞추느라 밤을 낮으로 삼으면서 제품 생산에 온 힘을 다하였다.

동시에 기업 확장을 위해 모든 노력을 집중하고 있던 1959년 9월 추석(秋夕)에 강력한 태풍 사라(Typhoon Sarah)가 불어와 신선대 저목장의 원목이 부산항을 거쳐 포항, 구룡포, 일본 대마도와 대한해협까지 흘러가 막대한 손해를 입었다. 그러나 그는 근면과 성실로 이 어려움을 지혜롭게 극복해 나간다. 불굴의 의지와 정신력으로 난관과 장애를 거뜬히 이겨냈던 것이다. 그리고 '하면 된다'는 굳은 신념을 가지고 열심히 노력한 결과 회사는

동명목재의 신선대 저목장 모습

나날이 발전되어 재산 면에서도 큰 이득을 보게 되었다.

한국전쟁 이후의 복구정책과 함께 1960년대의 경제 개발에 따른 토목 건축업의 활기와 주거구조의 필수적인 개선이라는 예고된 지표는 새로운 도약의 계기가 되었다. 1960년은 4·19혁명에 의해 독재정권이 무너지고 정치적·사회적 불안이 증폭되고 있던 시기였다. 그러나 그는 어수선한 시국의 흐름에도 전혀 개의치 않고 오직 기업인으로서 경제입국(經濟立國)을 위한 웅대한 뜻을 단계적으로 구체화하고 있었다.

그에게 있어 광복 직후의 시기는 다가올 1960년대~1970년대의 장족의 발전을 이루기 위한 자력 충전의 기간이었다. 당시 30여 년의 경영자로서 적지 않은 경험을 가진 그가 앞으로의 목재공업의 발전을 기대하면서 기업 확장의 거보를 내디디게 된다. 그것이 바로 1960년 4월, 제1 합판공장의 착공이었다.

1960년 가을 부산시 남구 용당동에 대지를 확보하여 야산을 개간하고 축대를 쌓아 초현대식 규모로 아시아 제일의 합판공장을 건립하기 시작했다. 곧 요소합판(尿素合版)이 개발되면서부터 미8군에서 주문이 들어와 외화획득의 문이 열리기 시작하더니 이때부터 합판 생산이 본격화된다. 그리고 군납과 국내의 수요 증가로 주문량이 늘어나 회사는 나날이 번창해 나갔다.

이때 강석진 회장은 세계 제일의 명품을 만들겠다는 신념과 책임감을 강조하면서 직원의 보상체계에도 성과제와 실명제를 도입하였다. 동명목재상사의 종업원이 최고로 많을 때는 7,000명을 넘는 숫자였다. 합판의 하루 생산량도 엄청난 것이었다. 동명목재상사에서 생산되는 합판은 생산라인마다 고유한 표시를 해두어 불량품이 나오면 어느 라인에서 누가 만든 합판인지를 바로 알 수 있도록 하여 종업원들이 스스로 품질에 신경을 쓰도록 하였다. 말하자면 생산제품에 대한 실명제를 이미 그때부터 실시했던 것이다.

이것을 계기로 회사 분위기는 불꽃 튀는 경쟁으로 마치 전투를 방불케 할 정도였고 직원 전체가 자발적으로 혼연일체가 되었다고 한다. 종업원들의 급료도 최고 수준으로 지급되었다. 이렇게 종업원들에게는 제품생산에 대한 책임을 철저하게 강조하면서 동시에 강석진 회장은 경영인으로서 책임져야 할 급료문제에 신경을 쓰면서 월급 날짜는 절대로 어겨서는 안 된다는 방침까지 세웠고 한 번도 그 약속을 어긴 적이 없었다고 한다.

1962년에는 우수한 제품을 생산하기 위해 품질관리제도를 채택하고 서독과 스웨덴 등지에서 최신 기계를 수입하면서 공장은 점점 현대식으로 변모해 갔다. 그리하여 1964년부터 동명목재상사는 국내뿐만 아니라 아시아 제일의 합판공장으로 군림하게 된다.

그는 또 10년 후의 동명의 미래를 위해 세심하고도 치밀한 계

동명목재의 작업장 모습

1965년 제1공장 완공

획을 세우고 이를 실현하기 위해 회사의 경영방침도 정하였다. 품질의 고급화, 공생공영, 가격 정찰제 운영, 경영의 내실화, 노사 일체 등이 그것이었다.

1965년 5월 제1공장을 건설하고 외국의 선진기술을 도입하여 프린트합판 및 PF합판 공장 건설에도 박차를 가하기 시작했다. 제1공장의 생산량이 증가하면서 해외신용도 높아지고 고객의 만족도 점점 더해 갔다. 그리고 1967년에는 제2공장의 건설도 추진하였다. 우수한 기계와 값비싼 투자로 최고의 상품을 생산하여 고객들에게 가장 저렴한 가격으로 판매하고자 했던 것은 경제적 효율성을 강조한 그의 기업윤리가 작용했기 때문이다.

회사의 규모는 일취월장(日就月將)했다. 그의 기업경영은 적중했고 모든 사원들이 노력한 결과였다. 세계 최대의 합판 메이커로서 국내 시장을 주름잡아 온 동명목재상사는 제1, 2, 3공장을 가동함으로써 하루 170,000장의 합판을 생산하게 되었다.

길이로 환산하면 418.8km에 달하는 것으로 서울과 부산을 잇는 경부고속도로(427km)에 버금가는 엄청난 양이라 할 수 있다. 지칠 줄 모르는 전진만이 1970년대 수출 100억 달러를 달성할 수 있는 지름길임을 알고 있었던 그는 밤낮을 가리지 않고 합판 생산에 혼신의 힘을 쏟고 있었다.

제3장 한국 수출산업의 기수

1. 국내 1위로 부상한 동명목재상사

   1960년대의 한국경제는 정부에 의해 경제 주체들의 참여가 적극적으로 장려되던 시기였다. 1962년부터 경제개발 5개년계획이 시작되었다. 1962년부터 시작된 제1차 경제개발 5개년계획(1962년~

동명목재상사 기(旗)

1966년)의 목표는 '자립 성장과 공업화의 기반 조성'이었다.

   이 기간의 GNP 성장률은 8.3%로 계획 착수 연도인 1962년의 3.1%에 비교하면 놀라운 성장이었다. 2차 산업은 늘어나고 1차와 3차 산업이 상대적으로 줄어들었다. 이때 동명목재상사는 부산시 남구 용당동에 합판공장을 건설하고 가동을 시작하면서 수출입국의 선두주자로 부각되기 시작했다.

동명목재의 원목처리

우리나라는 전체 산림면적이 국토의 65.2%에 해당되어 비교적 넓은 편인데 임목축적량은 임업 선진국보다 매우 빈약하여 목재 수요의 대부분을 수입으로 충당하고 있었다. 특히 합판제조용 원목은 100% 수입에 의존하고 있는 실정이었다.

합판[合版, plywood]은 먼저 원목을 얇게 오려 내고 이것을 섬유 방향이 직교하도록 겹쳐 붙인 것이다. 합판산업은 1936년 대성목재를 효시로 출발하여 정부의 수출주도형 성장정책과 국내 건축경기의 호황 등에 힘입어 급격히 성장하여 왔다.

한때 위축되었던 합판산업이 활기를 맞이하게 된다. 그것은 바로 한국전쟁 이후 곳곳에서 복구 작업이 한창이었기 때문이다. 합판의 수요가 급격히 늘어남에 따라 동명목재상사에서 생산되는 합판의 품질이 매우 우수하다고 알려져 생산하기에 바빴다. 결국 전후 복구사업이 합판업계의 성장에 분화구 역할을 한 것이다.

강석진 회장은 세계 최대의 합판회사를 경영하면서 1960년대와 1970년대 한국의 수출을 수도해 왔다. 그는 해외시장을 적극적으로 개척하여 합판을 수출상품으로 키웠고 또 원목의 안정적인 확보에도 큰 공적을 남겼다. 그는 다른 합판업계에 어려운 일이 생기면 앞장서서 문제를 해결해 주었을 뿐만 아니라 아낌없는 지원도 베풀어 주었는데, 그 사실이 입에서 입으로 퍼져 나가 지금도 합판업계에서는 미담으로 전해지고 있다. 따라서 한국 합판산업의 발전을 일궈 낸 그를 합판산업의 대부(代父)라고 부르기도 한다.

　제2차 경제개발 5개년 계획(1967년~1971년)은 공업화를 본격적으로 추진하고 농업의 근대화에도 중점을 둔 기간이었다. 박정희 대통령은 경제 발전에 대하여 "선진기술을 도입할 때 부강한 국가를 건설할 수 있다"는 생각을 가지고 있었다. 강석진 회장도 "선진기술의 도입과 수출이 없는 경제 발전은 이루어질 수 없다"고 하면서 적극적인 기술 도입과 수출정책을 충실하게 이행했던 동명목재상사가 드디어 수출 1위를 차지하게 된다.

　동명목재상사가 1960년대와 1970년대 4년 연속(1968년~1971년) 국내 수출 1위를 차지한 것은 "수출이 곧 애국"이라는 강석진 회장의 경영철학의 결과였다. 박 대통령 역시 수출 주도의 경제성장을 강조해 왔던 것처럼 두 사람의 시각은 정확하게 일치했던 것이다.

〈업체별 합판생산 실적표〉

(단위: 1/8 ″ 千·S/F)

회사명	1966년	1967년	1968년	전년대비증가율
동명목재	418,200	499,179	830,064	66.3
대성목재	307,047	408,617	583,711	42.9
성창기업	297,772	315,689	416,380	31.9
청구목재	23,096	44,867	111,148	147.7
광명목재	77,318	99,305	126,791	27.7
한국합판	74,725	98,371	210,421	113.9
신흥목재	-	24,338	105,429	333.2
합　계	1,198, 158	1,490,367	2,383,944	60.0

금탑 산업훈장

은탑 산업훈장

위의 표는 당시 국내 7개 합판제조 업체들의 생산실적을 비교한 것이다. 동명목재의 생산율은 전체 합판제조업 총생산량 중에서 1966년은 약 28.7%, 1967년은 약 29.8%, 1968년에는 약 28.7%로 합판업계에서는 단연 돋보이는 위치를 차지하고 있다.

동명목재상사의 대리점은 전국 77개로 그 분포도를 보면 부산 28개, 서울 9개, 경북 12개, 경남 9개, 기타 19개를 두고 있었다. 동명목재의 합판은 항상 공급보다 수요가 많아 대리점의 경쟁도 치열했다고 한다.

이 기간에 동명목재상사는 연이어 금탑 – 은탑 산업훈장과 4년 연속 전국 수출 1위에 빛나는 수출 최고상을 수상하기도 했다. 처음으로 해외시장을 누빈 합판산업은 1964년에 수출특화산업으로 지정되면서 연평균 30% 이상의 높은 수출 증가율을 기록했고, 총 생산량의 70~80%를 수출하는 유망 업종이 되었다. 그러므로 동명목재상사는 합판 수출로 국익에 보탬이 되고 경제 발전에도 기여하는 기업이었다.

국가의 제3차 경제개발 5개년 계획(1972년~1976년)은 무역입국을 지향하며 장기적인 국제경쟁력 강화를 위해 노동집약적인 경공업에서 기술 중심의 중화학공업 육성으로 정책방향이 설정되었다. 이때 동명그룹의 투자방향도 중화학 공업에 중점을 두고 기술수준 향상에 주력하였다.

동명산업 페인트 공장   동명산업 바니쉬공장   동명중공업 산업기계공장

이 기간에 동명은 포르마린 공장, 바니쉬(Varnish) 공장, 페인트 공장, 자동차정비 공장, 고무 롤러 공장 등을 건립했고, 화공약품 수입－판매 등 화학공업을 중심으로 하는 동명산업주식회사를 1974년 11월에 설립하였다. 육－해운의 운송업을 담당하는 동명해운주식회사를 1976년에 설립하고, 1977년에는 토목건축을 주로 하는 종합 건설업 분야의 동명개발주식회사를 설립했다. 또 1978년에는 동명중공업주식회사를 설립하고 곧이어 1979년 2월 14일에는 식생활 개선의 첫걸음인 식용유를 생산하는 동명식품주식회사를 설립하였다. 이렇게 동명그룹은 국가 산업구조의 재편에 호응하면서 발전해 나갔다.

강석진 회장이 "기업인은 기업을 통해 자아를 실현하고 국가의 공익을 위해 모든 것을 바치는 정신으로 일관해야 된다"라고 말했던 것처럼 그의 도전과 창조의 반세기는 결국 애국애족을 위한 사업보국(事業報國)의 반세기라는 말로 결론을 지어야 할 것 같다. 그는 사업보국에 기본을 두고 국가와 인류사회에 봉사하면서 한국경제의 발전을 이끌어 왔던 것이다.

2. 첫 해외 진출, 가슴 벅찬 순간

나왕합판공장

1960년에 부산 남구 용당동에 세워진 동명목재상사의 제1공장은 국내에서는 최대 규모였다. 동명목재는 수요에 맞춰 공장도 확장했지만 국내의 한정된 원자재로는 도저히 그 수요를 감당할 수가 없어 1959년에 처음으로 열대지역에서 나왕[羅王, lauan]이라는 원목을 사들이기 시작했다. 이때 우리 군대에서 동명합판의 납품을 요구했는데 이것을 지켜보던 주한 미군도 납품을 요청했다. 이때부터 동명목재상사는 정상에 오르게 된 것이다.

1960년 가을에는 미국으로부터 "귀사 제품의 합판을 수입하고 싶다"는 요청을 받았다. 미국은 주한 미군이 사용하고 있는 동명합판의 품질이 우수할 뿐 아니라 가격도 미국 제품에 비해 훨씬 저렴하여 한국의 합판을 수입하고자 했던 것이다. 동명목재상사는 지금까지 국내 시장의 판매만으로도 만족하고 있었는데, 미국 수출이라는 새로운 시장을 얻게 되어 기쁘기 한이 없었다고 한다.

우리나라 합판업계에서는 동명이 처음으로 수출이라는 황홀하고 낯선 영역에 서게 된 것이다. 그러나 경영진과 기술진은 긴장하지 않을 수 없었다. 비록 수출의 길은 열렸지만 미국이

주문한 상품은 한 번도 생산해 본 적이 없는 스킨도어(Skin Door)로 옹이가 전혀 없는 최상의 고급품인 DAA였다. 사실 그 당시 동명목재의 시설이나 기술로는 생산이 불가능한 제품이었다.

그러나 강석진 회장은 이때를 동명제품의 고급화를 위한 매우 좋은 기회라고 생각하고 최선의 노력을 다하였다. 품질이 뛰어난 일본 합판을 구입하여 연구하기도 하고 제품을 철저하게 점검하기 위해 일본인 전문 검사원을 초빙하기도 했다.

1961년 9월, 많은 고생과 연구를 거쳐 마침내 첫 수출품을 생산하게 되었다. 동명합판이 처음으로 해외시장으로 출항하던 날 부산항 중앙 부두에서 수출 선박의 뱃고동 소리가 울려 퍼질 때 그는 감격과 환희의 눈물을 흘렸다고 한다.

그는 1960년대 합판공장 착공과 함께 최신식 기계설비와 기술 도입을 통해 부단하게 기업을 확장해 나가면서 동시에 생산성 제고와 품질 향상을 위해 생산현장에서의 작업합리화를 시도했다. 즉 공정을 세분화하고 품질관리 제도를 채택하는 등의 경영 개선과 제도 개편을 병행해 나갔다.

적절한 시기에 시작된 기업경영 쇄신으로 인하여 1961년에 처음으로 합판 수출의 길이 열리게

부산시 용당동 방파제 끝에 세워졌던 동명탑(東明塔) 또는 팔각정으로 불렸으며 부산을 상징하는 이 기념비적인 아름다운 조형물은 동명그룹의 해체와 함께 아쉽게도 지금은 사라지고 없다.

되었다. 특히 이 점은 이후 수출입국으로 설정한 국가적 지표와 맞물려 기업 성장에도 주요한 촉발제가 되었다고 여겨진다.

1961년에 처녀 수출을 한 동명목재상사는 1964년에 4천만 달러의 실적을 올리게 된다. 그리고 1966년에는 제2공장을, 1967년에는 가공합판 공장과 포르마린(Formalin) 공장 등을 신설하면서 동명의 질주는 계속되었다.

이때 강석진 회장은 품질 향상을 위한 또 하나의 획기적인 계기를 마련한다. 서독에서 최신 기계를 도입한 후 여러 종류의 미장합판과 가구용 부판(附板), 제재품 등 20여 종의 상품을 개발하여 국내 목재업계에 일대 선풍을 일으키기도 했다. 이와 같은 상품들이 국제시장에서 인정을 받으면서 결국 동명목재상사의 수출은 한국의 수출에도 선구자 역할을 했던 것이다.

또 수출을 더욱 확대하기 위하여 해외에 지사를 설립하고 수입과 수출부문으로 구분하여 현장감 있게 사업 번창을 시도하였다. 먼저 원활한 원목수입을 위해 홍콩, 싱가포르, 인도네시아, 말레이시아 등에 지사를 두었고 또 수출확대를 기대하며 미국, 영국, 쿠웨이트, 사우디아라비아, 이란 등에도 지사를 설립함으로써 국제적인 네트워크(network)를 구축하고 세계적인 기업이 되기 위한 밑판을 마련하고 있었다.

동명목재상사의 합판이 미국에서 인정을 받게 되자 다른 나라에서도 상품에 대한 주문이 계속 이어지고 있었다. 이렇게 동명이 해외 진출에 성공하자 이를 계기로 국내 다른 합판업계도 동명의 자문을 얻어 시설을 개선 - 확충하면서 서서히 수출의 길을 닦아 나갔다. 이렇게 부단한 경영개선은 시대적 추세를 예견한 그의 미래지향적 기업경영의 한 단면을 보여 주는 것이라고 하겠다.

빈약한 기술과 자원밖에 없던 한국의 1960년대~1970년대는 오직 수출만이 운명이었고 당위였다. 그 시절에는 저임금으로 물건을 만들어 해외에 수출하는 것 이외에는 살길이 없었다. 수출을 위한 모든 과정은 마치 군사작전처럼 진행되었다. 박정희 대통령은 1965년에 대통령 직속으로 '수출진흥확대회의'를 신설하고 수출을 직접 관리-장려해 나갔다.

1964년 11월 30일, 한국은 역사상 처음으로 한 해 수출액이 1억 달러를 돌파하였다. 제1차 경제개발계획이 시작되는 1962년에 5천5백만 달러에 불과했던 수출이 2년 사이에 약 2배로 늘어난 것이다. 이날을 기념하기 위하여 정부는 '수출의 날'을 제정하기도 했다. 이때 강석진 회장은 박정희 대통령으로부터 '수출무역진흥상'을 받으면서 국내 개인기업 부문에서 1위로 부상하였고 곧이어 그는 재계의 거물로 지목받기 시작했다.

당시 연간 매출액을 살펴보면 1965년에는 50억 원, 1970년에는 100억 원, 1976년에는 5백억 원대로 증대되었다. 그는 1968년부터 71년까지 연이어 4년간 국내 수출 최고상을 수상했고 1979년까지 대통령상도 무려 20회나 받았다. 이렇게 그는 세계 최대의 합판회사를 경영하면서 60년대와 70년대에 한국 수출산업의 선구자 역할을 하게 된 것이다.

박정희 대통령으로부터 최고 수출상 수여

　한국 10대 수출상품 중 합판의 변화추이는 1961년에 8위였던 것이 1970년에는 2위로 부상했으며 1975년에는 4위, 1980년에는 8위의 순위였다. 그런 가운데 동명목재상사의 합판은 한국의 수출을 주도했고 약 20년 동안 10대 수출상품의 자리를 지켜 왔다. 따라서 "단일 품목 중 한국 최대 규모인 동명합판이 한국 수출에 한 획을 그었다"라는 표현은 과장된 것이 아니었다. 70년대에는 합판, 섬유류, 신발 등이 수출의 주요 상품으로 선정됨에 따라 한국 산업구조의 변화에도 동명목재상사는 선구자 역할을 했던 것이다.

　결국 강석진 회장은 경제적 흐름을 정확히 예측하여 그 기회를 놓치지 않고 이를 기업 성장의 결정적 계기로 포착하였다는 점에서 기업 경영에 예민한 재주와 기질을 가지고 있었다고 생각한다. 동명목재상사가 단일 합판공장으로 세계 정상의 자리에 우뚝 설 수 있었던 기업적 기반은 1960년대에 다져진 것으로, 이러한 바탕에는 그의 창조적 예지와 탁월한 재능이 있었기에 가능했던 것이다.

3. 한국 합판수출의 기수

박정희 대통령으로부터 받은 휘호

    1960년대의 한국경제는 괄목할 만한 성장을 기록하였는데 특히 제1차 경제개발계획 기간 중의 평균 성장률은 8.3%였다. 이럴 즈음에 제재업의 비중을 살펴보면, 우선 사업체 수에 있어서 1966년도의 796개 회사가 1967년도에는 862개 회사로 8.3% 증가했고, 근로자 수는 1966년도의 7,187명에서 1967년도에는 11,661명으로 62.3%나 대폭 증가하고 있다. 전반적으로 각종 산업용 목재 수요의 증대에 따라 제재공업의 규모도 확장되었음을 말해 주고 있다.

    특히 합판공업은 다른 제재공업의 생산추세와 비교해 보면 전반적으로 급증세를 보이고 있다. 예를 들면 1968년도의 총 수출액 5억 달러 중에서 미국에 처음으로 수출된 합판은 약 14%에 해당하는 6,800만 달러였고, 1964년에는 수출특화산업으로 선정되면서 매년마다 놀랄 만한 수출 신장률을 기록했다.

    연도별로 합판 수출의 대소비국인 미국 시장점유율 변화를 살펴보면, 1965년까지만 해도 일본이 33%의 시장 점유율을 보여 1위를 차지하고 있었다. 그러나 1967년부터는 우리나라가 일본을 능가하여 1968년에 30.6%, 1969년(1~9월)에는 38.6%의 시장점유율로 계속 1위의 자리를 지키고 있었다. 이것은 바로 비약적인 한국 합판공업의 성장을 보여 주는 것이다.

〈합판수출현황〉

(단위: 1,000달러)

회사명	1975년		1976년		1977년	
	금액	점유율	금액	점유율	금액	점유율
동명목재	54,435	23.5	83,393	23.96	100,335	24.31
대성목재	31,205	13.49	45,686	13.12	51,288	12.42
성창기업	25,611	11.07	32,538	9.35	40,159	9.73
청구목재	11,566	5.02	18,459	5.30	17,014	4.12
광명목재	11,603	5.02	20,545	5.90	22,992	5.57
한국합판	16,255	7.03	23,381	6.72	26,443	6.41
대명목재	10,259	4.44	18,017	5.18	22,066	5.35
선창산업	13,923	6.02	21,959	6.31	24,923	6.04
태창목재	27,456	11.87	37,853	10.87	49,986	12.11
반도목재	15,053	6.51	22,545	6.48	28,282	6.85
대교산업	7,239	3.13	11,703	3.36	13,734	3.33
동화상협	4,022	1.74	4,192	1.20	5,290	1.28
이건산업	2,628	1.16	7,847	2.25	10,266	2.49
합 계	231,255	100%	348,118	100%	412,787	100%

위의 표는 한국의 13개 합판제조 업체들의 합판수출 실적을 비교한 것이다. 특히 동명목재의 합판수출은 동업자 대비에서 1975년 23.5%, 1976년 23.96%, 1977년 24.31%로 매년 증가세를 보이면서 전국 합판업계에서의 점유율 1위를 차지하고 있다.

당시 한국 합판업계에서 동명목재상사가 차지하고 있는 위치는 대단했다고 한다. 이와 같은 결과는 당시 강석진 회장의 경영이념이었던 생산성 향상, 기술 증진 그리고 수출 촉진 등에 바탕을 둔 경영전략의 성과라고 할 수 있다.

직접 설계하는 모습

그의 경영철학에서 연구와 기술 개발은 빼놓을 수 없다. 그는 품질 향상에 노력하면서 신상품을 만들어 내기 위한 연구에도 투자를 아끼지 않았고 또 회사에는 연구개발부까지 두면서 제품 개발을 장려해 나갔다. 그는 우수한 합판을 제조하는 데 가장 중요한 것은 접착제라고 강조하면서 특히 접착제 개발에 심혈을 쏟기 시작했다.

그는 연구원들에게 완벽한 접착제 개발을 장려한 결과, 발명특허품으로 합판용 접착제인 요소수지를 비롯하여 완전 특수내수합판 접착제인 석탄산수지 내수합판용 접착제 그리고 수용성 강력 만능 접착제 등을 생산하였다.

동명 접착제 공장의 시설은 아시아에서 최대 규모였고 생산능력은 무려 월간 6,000여 톤이었다. 한국에서는 처음으로 일본 및 타이완 그리고 동남아시아로 월간 2,000톤씩 수출하여 그 품질을 인정받고 있었다. 그럴수록 동명의 접착제 공장은 계속 증설 – 확장되어 갔다.

군납의 비중이 적지 않았던 1961년에 군납품의 점검을 위해 전문 검사원을 고용한 일이나 또 작업합리화를 도모하기 위해 공정을 구분하여 생산 운영의 효율성을 높이는 업무 분류를 시도한 일 등은 모두 생산과 수요에 대처하기 위한 것이었다. 이

렇게 그가 적절한 시기에 체제 개편을 시도했던 것은 기민(機敏)
했던 기업경영의 면모를 보여 주는 한 사례라고 생각한다.

한때 합판공업의 핵심인 원목 공급이 중단되었을 때는 사원
교육과 생산성 제고를 위한 다양한 방법을 모색하면서 동시에
원목 수입에 대한 사전준비를 강구하였다. 그는 결국 어려운 시
기에 좌절하지 아니하고 그것을 전화위복의 계기로 삼고 스스
로의 성장을 기대하면서 끊임없이 노력했던 것이다.

그는 원목이 자급자족되지 않는 우리의 현실을 감안할 때 상
품의 고급화만이 생존할 수 있다고 판단하고 이를 위해 1960년
부터는 매년 최신식의 기계를 도입하면서 기업 확장도 시도해
나갔다. 이렇게 제품의 신용도를 높이면서도 생산현장에서의
일체감 조성과 공동체의 결속을 위해 노사합심과 공생공영이라
는 경영이념을 설정한다. 1964년의 회사 경영방침인 품질고급
화, 공생공영, 가격 정찰제 운영, 경영의 내실화, 노사일체 등은
고난의 시기에 체험한 어려움을 미래지향적인 좌표 설정으로
타개하고자 하는 경영자의 신념이 담긴 것으로 인식된다.

이러한 그의 경영방침은 단순히 구호에만 그친 것이 아니라
구체적 행동으로 나타나고 있다.

동명 근로자 위안잔치

예를 들면 부지런히 일하는 근로
자들과 항상 왕래하면서 그들과
소통하였다. 식사 때는 그들과 함
께 하면서 동명가족이 따뜻하게
식사하기를 원했다. 야간작업 때

는 그들의 일을 거들면서 격려하고 또 그들에게 어려운 일이 있
으면 상담도 하면서 부모처럼 자애롭게 대하였다. 이와 같은 모
습은 미래지향적인 경영철학 및 근로자와 더불어 공생공영하고
자 했던 그의 인간애가 만들어 낸 산물이며 이는 결국 그의 기
업경영의 본질이 인본주의에 있음을 알게 해 준다.

  수출입국을 위한 그의 집념은 1960년대에만 국한된 것이 아
니라 1970년대의 경영에서도 일관되게 추진하고 있다. 1970년대
의 한국 산업사회는 대내외적 여건의 어려움에도 불구하고 고
도성장이 지속되어 드디어 1977년도에는 100억 달러의 수출 목
표를 달성하게 된다. 이럴 즈음에 합판공업도 급성장하여 계속
10대 수출상품으로서의 위치를 고수하고 있었다. 1977년 동명
목재상사의 최대 수출실적은 100,350,000달러로 단일 품목으로
는 여전히 국내 최대의 수출 규모였다.

〈동명합판의 지역별 수출실적〉

(단위: 1,000달러)

지역구분	1975년		1976년		1977년	
구미지역	33,466	61.48%	38,797	46.52%	38,737	38.61%
중남미지역	54	0.10%	67	0.08%	1,549	1.54%
호주지역	1,527	2.81%	1,891	2.27%	1,656	1.65%
유럽지역	4,576	8.41%	24,110	28.91%	17,503	17.44%
아프리카지역	94	0.17%	-	-	379	0.38%
동남아지역	-	-	106	0.13%	-	-
일본-홍콩	12,632	23.21%	11,375	13.64%	17,904	17.84%
중동지역	1,246	2.29%	3,605	4.32%	13,788	13.74%
LOCAL지역	840	1.53%	3,442	4.13%	8,819	8.79%
합 계	54,435	100%	83,393	100%	100,335	100%

위의 표에서 동명목재 합판의 지역별 수출실적을 살펴보면 구미지역이 매년 1위이고 일본과 홍콩지역 그리고 유럽지역의 순서이다. 1975년에는 구미지역이 61.4%, 일본과 홍콩지역은 23.21%이다. 1976년에는 구미지역이 46.52%, 유럽지역 28.91% 이며, 1977년에는 구미지역이 38.61%, 일본과 홍콩은 17.84%, 유럽지역은 17.44%로 나타났다.

1970년대의 경제적 흐름을 살펴보면 당시 동명목재상사의 합판 수출은 1960년대와 마찬가지로 다른 목재회사에 비해 월등하였다. 이에 따라 세계 무역시장에서 한국의 비중도 1962년에는 0.48%였으나 1978년을 기점으로 1%를 기록하는 데 성공하였다. 동명목재상사는 "수출이 바로 애국이다"라는 신념을 가지면서 부국(富國)을 위해 수출시장 확대에도 선도적 역할을 주도해 나갔다.

강석진 회장의 일생은 나무에 대한 애착으로 시종일관 목재사업에 투신한 것은 누구나 알고 있는 일이다. 그의 성실한 성품과 생활태도는 결국 그를 한강 이남의 최고 재벌로 성장하게 하였

다. 한국의 경제는 여러 차례의 고난을 거듭하면서 세계적인 무역대국으로 발전하였다

한국은 처음부터 무역을 통한 경제입국을 목표로 하고 수출정책을 장려했다. 한국의 수출드라이브 정책은 동명목재상사의 수출로 그 서막을 열었다. 바로

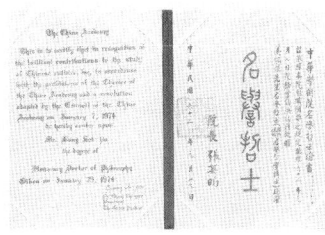

명예 철학박사학위를 받는 강석진 회장(1974.1.29.)

강석진 회장이 현대 한국경제의 견인차가 되어 오늘날의 번영을 이루는 데 큰 공헌을 하였다.

그는 "기업의 발전이 곧 국가의 발전"이라는 신념을 가지고 있었다. 그의 투철한 국가관은 개인이나 기업의 권리보다 국가의 필요와 당위를 먼저 생각하는 것이다. 이러한 정신으로 자신이 할 수 있는 사회적 봉사와 희생을 끊임없이 추구하였다.

그리하여 1974년 1월 29일 강석진 회장은 중화민국의 최고 학술기관인 중화학술원(中華學術院)에서 명예 철학박사학위를 받았고 또 "동양의 거성 목덕지광(木德之光)으로 추앙한다"는 글도 받았다. 중화학술원에서는 그에게 명예 철학박사학위를 수여한 이유를 다음과 같이 설명하였다.

> 선생은 어릴 때부터 성격이 솔직하고 성신(誠信)을 지키고 목재업을 경영할 때는 뛰어난 재능을 발휘하였다. 그동안 수출을 많이 하여 한국 경제발전에도 크게 기여했으며 회사 이윤을 사회에 환원하여 가난한 시민을 돕는 데도 큰 관심을 가지고 있었다. …… 본원은 선생의 자유민주주의 정신을 사랑하고 정의를 굳건히 지키면서 기업경영과 교육 사업에 열

중하고 문화교육에도 힘쓰는 정신을 높이 기리어 이에 본원
에서는 원무회의를 거쳐 선생께 명예철학박사학위를 수여하
면서 경의를 표하는 바입니다.

따라서 광복 이후 국가의 주요 정책은 경제 성장이었다. 조국
광복을 위해 몸 바쳤던 독립운동가처럼 경제 발전을 위해 헌신
했던 기업인들의 공적도 충분히 주목받아야 한다고 생각한다.
이러한 차원에서 보면 그는 일생 동안 목재업에 투신하면서 한
국 수출을 이끈 선구자로서 국가경제 발전에 크게 기여한 기업
인으로 반드시 기억되어야 할 인물이라고 본다.

이상에서 살펴본 바와 같이 그의 기업 경영은 감히 다른 사람
들이 착상할 수 없는 폭넓은 시각과 지혜를 가지고 있었다. 특
히 기업 경영에서 돋보이는 인간 중심적인 윤리의식은 노사갈
등이 심화되고 있는 오늘날의 기업풍토에서 실로 모범적인 경
영인으로 평가받음에 전혀 손색이 없다고 생각한다.

제4장 강석진 회장의 경영철학

1. 창조적 예지와 도전

강석진 회장은 어떤 일을 계획하고 도모하려 할 때 절대로 성급히 서두르는 법이 없었다. 그 일이 시대적 상황과 사회적 여건에 부적합하여 난관이 있다고 해도 미래의 전망이 긍정적이고 희망적이라는 판단이 들면 주변의 반대도 뿌리치고 많은 비용을 지불하더라도 일을 추진시켜 나갔다.

약 60만 평 대지에 세워진 5만 평의 동명목재상사는 단일품목의 생산 공장으로는 그 규모가 세계 1위였다. 부산시 남구 용당동의 건물도 처음에는 사람의 왕래가 거의 없는 한적한 포구에 지나지 않았다. 한국전쟁 이후 복구사업으로 목재와 합판의 수요는 날로 폭주(暴注)해 나갔다. 따라서 사업이 점점 번창하여 당시의 사세로는 막대한 수요를 감당하지 못할 것을 예측하고 거의 불모지로 버려진 포구 주변의 땅과 야산을 조금씩 늘려 가며 개발하여 결국 세계 최대의 합판 생산 공장으로 성장시킬 수 있는 터전을 마련했던 것이다.

동명목재상사의 공장 건물은 모두가 필요 이상으로 천장이 높게 되어 있다. 그가 직접 설계하고 세운 공장의 천장 높이가 파격적으로 높은 것에 대해 많은 사람들이 의아하게 생각했지만 그의 생각은 다른 곳에 있었다. 모든 사업이 그러하듯 합판 사업도 수십 년이 지나면 인간의 주거 양태도 달라지고 신소재의 개발로 새로운 건축자재의 출현에 따른 목재의 수요도 변하게 될 것이라고 판단했던 것이다.

이러한 사실을 예견했던 그는 혹시 사양산업(斜陽産業)으로 공장의 문을 닫게 되는 날이 오면 기존 시설물과 건물의 용도를 신속히 전환시켜야 한다고 생각했다.

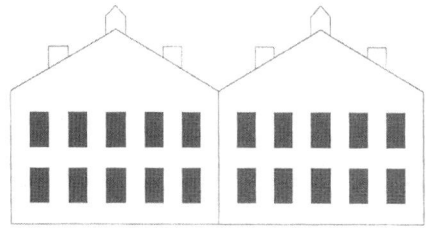

생산라인을 한군데에 집약시키기 위하여 두 개의 공장건물을 붙여 지은 동명목재 건물은 통나무에서 지연채광이 들이오게 하였다. 건문가 건물 사이는 원목과 목재제품을 신속히 운반하는 데 지장이 없도록 충분한 공간을 마련하였고 공장부지 내에는 전주를 없애고 전선은 건물 모서리를 높여 지붕과 지붕으로 연결되도록 설계했다.

특히 동명목재상사는 부산항 동남쪽에 위치하여 지리적으로 매우 완벽했다. 미래에 수출입의 증대로 물량이 늘어나게 되면 보세장치로서의 물품보관 창고가 필요하다고 생각했다. 그럴 때가 되면 공장 내부의 기계 시설물을 제거하면 그대로 손색없는 창고로 전용할 수 있을 것이라고 생각하고 남들에게는 턱없이 높게만 보인 공장 건물을 세웠던 것이다.

또 원목을 공장으로 옮기는 것도 중장비를 이용하여 옮기지 않고 바다에 띄워 수로를 통해 공장까지 이동시켜 나무가 물에 불어나서 쉽게 깎이도록 하였다. 그래서 합판공장을 내륙보다 바다와 인접한 곳에 세웠던 것이다. 이렇게 그는 시간이나 인력의 낭비가 없도록 매사를 치밀한 계획 아래 실행하였다.

강석진 회장은 앞날을 꿰뚫어 내다볼 줄 알았고 변화를 받아들이면서 기업을 경영해 나갔던 것이다. 그는 매사를 임기응변식의 대처로 일을 해 나가는 것이 아니라 10년 혹은 20년 아니 더 먼 미래를 내다보고 장기적인 안목에서 사업을 경영해 나가는 선견지명(先見之明)을 가진 사람이었다.

2. 끊임없는 연구와 개발

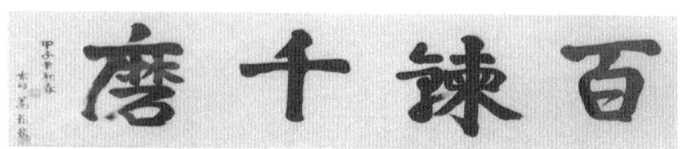

강석진 회장이 직접 쓴 글씨

　강석진 회장은 연구와 기술 개발에 근본을 두고 끊임없이 생각하는 실험가였다. 연구하지 않는 사람은 밥도 먹지 말아야 한다는 표현까지 쓰면서 연구의욕을 강조하였다. 그의 경영철학에서 연구와 개발의 정신은 빼놓을 수 없다. 끊임없는 연구로 상품의 품질향상을 꾀하면서 동시에 신상품을 만들어 내기 위한 연구와 투자에도 아낌없는 지원을 해 주었다.

　그는 우수한 합판을 제조하는 데 가장 중요한 것은 접착제라고 생각하고 연구원들에게 완벽한 접착제 개발을 장려한 결과, 합판용 접착제인 요소수지를 비롯하여 수용성 강력 만능 접착제 등을 개발했다. 또 합판을 제조하는 과정에서 생겨나는 폐기물과 접착제를 혼합하여 고열의 프레스로 찍어서 '파티클 보드(particle board)'라고 불리는 신상품을 개발하기도 하였다.

1970년 부산지역
기능경기대회 개회식

　해외시장에서 외국의 선진제

품과 경쟁하려면 신기술의 개발이 승패의 관건이 되는 것은 상식이다. 과거 동명목재상사의 수출 경쟁의 성공은 바로 이러한 기술력이 바탕이었다. 끊임없이 연구하는 자세와 기술력의 향상은 지금도 우리들에게 많은 감동을 주는 부분이다.

그는 국제기능올림픽에도 깊은 관심을 가지고 기능경기대회 위원장으로 활동할 때도 언제나 수상자들에게 장인정신의 사명감을 강조하면서 지식과 기능은 국가의 귀중한 재산임을 역설하였다.

'백련천마(百鍊千磨)'는 그가 평소 즐겨 쓰던 글귀로, 배우고 익힌 지식과 기술을 백 번을 단련하고 천 번을 갈고 닦는다는 뜻이다. 이러한 정신은 어려운 시절에 동명목재상사의 창업을 가능하게 하고 위대한 신화를 창조케 했던 근본정신이었다.

3. 신용제일주의

나무와 평생을 더불어 살아온 강석진 회장은 비뚤어지고 휘어진 목재는 아무런 쓸모가 없다는 것을 일찍부터 알고 있었다. 불제자(佛弟子)인 그는 丐 자의 직각에서 정심(正心)을 깨닫게 된 것이다. 정직이란 불굴의 강인한 의지와 정신의 표상이며 그 어떤 경우에도 소신과 신념으로 강직한 행동할 수 있도록 이끌어 주는 것이다.

그는 각종 건축 구조물을 설계 – 제작하되 구부러진 곡선적인

직접 설계하고 제작한 동명불원과 동명문화학원 조성 당시 모습

형태보다 단조로운 수직과 직각을 고집하였다. 부산시 남구 용당동의 현대식 합판공장을 지을 때와 동명문화학원의 건물을 지을 때도 본인이 직접 설계를 했는데 그때마다 건물의 배치가 직각이 되도록 했다. 모든 것이 수직과 직각으로 정돈되어 있는 기업환경을 만들어 놓음으로써 생산성과 능률을 높이자는 것으로 그의 혜안이 엿보이는 경영철학이라고 하겠다.

강석진 회장은 『동명사보(東明社報)』의 창간사에서 "성의(誠意)는 참되고 거짓 없는 마음이다. 무슨 일을 하던지 책임을 지고 양심에 따라 자신의 능력을 십분 발휘해야 한다"라고 하였다. 그의 기업정신은 정직성에 바탕을 둔 것이었다. 기업인이 고객을 속이는 것은 자신을 속이는 일이며 자신을 속이는 것은 정직하지 못한 행위라는 것을 항상 잊지 않았다.

그는 회사에서도 항상 정직을 강조하였다. 스스로 정직한 마음을 가지지 않으면 모든 사물과 사태를 정확하게 분석 · 평가할 수 없기 때문에 기술자는 정직한 마음이 가장 중요하다고 말하였다. 제품의 품질로 회사의 신용을 지킨다는 철칙이 바로 동명목재상사의 사풍(社風)이었다.

동명목재상사의 기술적인 발전은 바로 이러한 신용을 바탕으로 이루어진 것이었다. 그의 사업방식은 제품과 기업의 신용에 앞서서 고객을 보호하는 차원에까지 나아갔다. 우선 동명목재에서는 회사와 거래하는 모든 납품업체에게 언제나 현금 결제를 원칙으로 하였다. 어음으로 물품대금을 지급할 경우 납품업체의 자금사정을 악화시키는 것은 물론 가격을 높이거나 불량품을 납품할 가능성을 높인다는 생각에서였다. 그는 대리점과 방계회사·하청업체의 자금난까지 염두에 두고 철저한 양심적 기업경영을 실행하였다.

강석진 회장의 선진적 사고방식과 경영철학은 실로 시대를 뛰어넘는 선구자적인 면이 있었다. 약 50년 기업의 역사를 통틀어 한 번도 어음을 발행한 적이 없는 그의 경영방식은 타 회사와 비교하여 전례가 없는 참신한 경영이었다. 어음으로 거래업체의 납품 대금을 지급하고 축적한 대규모의 자금을 이용하여 경쟁력이 없는 중소업체의 영역까지 잠식하는 최근 대기업의 무분별한 경영방식과 비교해 보면 지난날 그의 기업경영 방식은 사회 전체가 모두 이익 되게 만드는 것을 최우선 가치로 설정했던 윤리경영이었다.

4. 고객만족주의

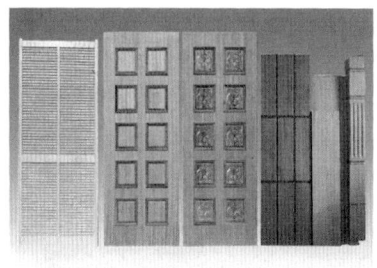

동명목재의 생산제품

강석진 회장은 우수한 제품을 만드는 것을 목숨처럼 여긴 실물경제의 대가였다. 회사 창업부터 최고의 제품을 만들기 위해 최선을 다한다는 신념으로 품질 제일주의를 기업정신의 핵심으로 삼았다. 좋은 상품을 만들어 내기 위하여 부지런히 연구하고 개발하는 데 투자와 노력을 아끼지 않았다.

동명합판이 세계적인 명성을 얻게 된 것은 전국에 산재해 있는 대리점을 일일이 찾아다니면서 일반 소비자의 경향, 모양·무늬·색깔 그리고 의장(意匠)에 대한 기호나 취향이 어떠하며 앞으로의 추세는 어떻게 될 것인가를 일일이 묻고 조사하여 소비자들의 의견을 수집하고, 그 여론의 동향에 따라 새로운 제품 개발을 위한 연구와 노력을 게을리 하지 않았기 때문이다.

또 그는 생산하는 제품의 품질관리를 무엇보다도 우선시하였다. 주금이라도 흠이 있는 제품은 절대로 용납하지 않았다. 상인의 생명은 신용이며 완전한 제품을 생산하여 고객이 언제나 믿고 살 수 있도록 해야 한다는 것이었다. '손님이 왕'이라는 논리였는데 오늘날의 공장에서는 품질관리(Quality Control) 활동이 보편화되어 있지만 당시로는 그러한 경영 논리가 별로 알려져 있지 않을 때였다.

어느 날 하루는 완성된 가구가 제대로 품질을 갖추지 못했다는 이유로 5~6명의 종업원이 보는 앞에서 그 가구를 망치로 부셔 버린 일이 있었다. 완전하지 않은 제품은 절대로 만들지 않겠다는 의지를 종업원들에게 보여 준 것이다. 완전한 제품을 만들겠다는 투철한 정신은 그가 변함없이 지켜 온 철칙이었다.

이렇게 만들어진 상품들은 해외에서도 인정을 받으면서 동시에 상품의 판로를 넓히는 데도 도움이 되었다. 1960년 가을 미국으로부터 "합판을 수입하고 싶다"는 요청을 받아 수출이란 새로운 시장을 얻게 되었다. 그리하여 1961년에 수출한 합판은 26만3천 달러였는데, 당시 우리나라 수출실적과 비교하면 그 비중은 실로 엄청난 것이었다.

5. 인간존중과 덕치주의

『논어』의 「옹야(雍也)」에서 공자는 무릇 "인(仁)이라는 것은 자기가 서고자 하는 곳에 남을 세우고, 자기가 가고 싶은 곳에 남을 가게 하는 것이다(夫仁者 其欲立而立人 其欲達而達人)"라고 했다. 나보다 남을 먼저 배려하는 이 마음과 행위를 '인(仁)'이라고 하였다.

강석진 회장은 혈연이나 지연을 지양하고 인성과 능력에 따라 경영상의 문제를 맡겨 왔고 대인관계에 있어서도 지위의 높

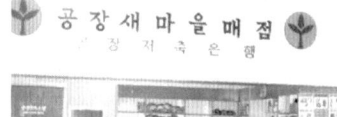

공장 새마을매점

낮이를 가리지 않았다. 회사 직책이 인간적인 차별로 전이되는 것에 반대했다. 회사 슬로건 끝에는 '다'와 '자'라는 글자를 붙이지 않았다. 끝을 맺지 말고 여유를 주자는 의미이다. 상대방에게 생각할 시간을 주고 대인관계에 있어서도 구어체로 표현하면 계속 내 뜻과 상대방의 뜻을 주고받게 된다는 생각에서였다.

당시 국민적인 새마을운동을 생산현장에 직접 연계될 수 있는 운동으로 승화시키기 위해 피부에 와 닿는 사원 복지정책을 과감히 추진하였다는 점이다. 새마을매점 개설을 통한 생활필수품의 공장도 가격 구입, 새마을 식당운영에 의한 야식 제공, 새마을 장학금의 수혜대상 확대, 사원 및 그 가족의 무료진료, 새마을회관 건립, 여자기숙사 준공 등의 구체적인 복지사업들은 1970년대 다른 기업인들이 감히 착상하지 못했던 근로자 우대 시책이었다. 이러한 그의 따뜻한 배려가 1970년대의 동명목재상사 도약에 큰 저력이 되었다고 생각한다.

6. 사업보국주의

강석진 회장은 약 반세기 동안 국익사상과 사업보국주의로 살아왔으며 동명의 성장은 국익에도 보탬이 되고 경제 발전에도 기여하는 기업이었다. 그는 "기업인은 자신의 기업을 자신의 재산이나 소유물로 여기기보다는 기업을 통해 자아를 실현하고 국가의 공익을 위해 모든 것을 바치는 정신으로 일관해야 된다"고 역설하였다. 기업의 발전이 국가 및 국민경제 발전에 근본이 되므로 풍요로운 국가 건설을 당연한 의무로 받아들이고 있었다.

처음으로 세계를 누빈 합판산업으로 수많은 공로훈장을 받아온 것처럼 그의 수출 공로는 국가경제 성장에 크게 이바지했다. 정부에서는 수출상 제도를 만들어 수여함에 따라 1968년부터 1971년까지 4년 연속 국내수출 1위를 기록하면서 그는 수출왕으로 불렸다. 이렇게 그의 경영이념은 국가와 인류사회에 봉사하는 기업을 지향하는 사업보국주의에 기반을 두고 있었다.

그의 사업보국주의로 빛나는 또 다른 사업은 기업이익의 사회환원 부분이다. 그는 소유한 재산을 자신의 것으로 보지 않고 사회의 소외계층을 위해 재산을 헌납한 유명한 사회사업가였다.

동명목재의 국익사상   생업자금전달식

1960년대는 정치적·사회적으로 매우 혼란스러운 시기였다. 그중에서도 가장 시급한 사회적 문제는 전쟁고아와 소년소녀 가장의 생계 문제였다. 그는 B.B.S(Big Brothers and Sisters) 운동을 통하여 불우한 청소년과 출소한 재소자들에게 자립의 여건을 만들어 주는 것이 국가 발전을 위한 우선적인 과제라고 생각했다. 그리하여 그들에게 생계 보조금을 지원해 주고 직업훈련 및 취업알선으로 자립을 위한 토대를 마련해 주었던 것이다.

강석진 회장의 도전과 창조의 반세기는 결국 애국애족과 사업 보국의 반세기라는 말로 결론을 지어야 할 것 같다. 그는 언제나 현재보다 미래를 생각하고 계획하는 진취적인 의지와 창조적 사고, 불굴의 개척정신으로 한국경제의 발전을 이끌어 왔다.

7. 근검절약주의

불교의 자비와 보시정신을 섬기던 강석진 회장의 경영철학은 철저한 근검절약 정신으로 가득 차 있었다. 그는 굶주리고 가난했던 한국 현대사의 비극을 몸소 체험하고 자란 사람이었다. 무일푼의 그가 조그만 동명제재소를 세우고 그로부터 40년 후에 한국의 수출왕으로 부상하기까지 변하지 않은 생활철학은 오직 근검절약이었다.

그는 두 겹으로 된 휴지를 한 겹으로 나누어 쓰고 다른 한 겹은 다음을 위해 호주머니에 넣고 다녔다. 회사에서도 설계용 도

면지와 기안용지 한 장도 함부로 버리지 못하도록 하였다. 또 제품을 만드는 과정에서 생겨나는 폐기물들을 활용하여 '파티클 보드'라는 신상품도 개발하였다.

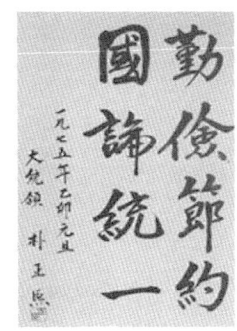

그가 구두 한 켤레로 10년을 버틴 것이라든가 끝이 해어진 양복바지 입은 모습을 많은 사람들이 증언하고 있다. 일생 동안 근검절약을 몸소 실천했던 그의 삶의 자세를 짐작할 수 있다.

당시 부산시 교육감이 찾아왔을 때 휴지를 나누어 접어 쓰는 모습을 보이게 되자 절약에 대한 자신의 생각을 다음과 같이 토로하였다. "불교에서 살생이라 함은 꼭 살아 있는 목숨을 죽이는 것만이 아닙니다. 살아 있는 생명으로 만들어진 그 물건의 사용가치와 효능을 무시하고 인간이 낭비하기만 한다면 그것이 바로 살생의 업보를 짓는 것이라고 나는 생각합니다."

이 세상에 존재하는 모든 것들은 타고난 본래의 목적을 가지고 있다. 그런데 사람들이 그 물건의 존재와 목적을 무시하고 함부로 버린다면 이것이야말로 모두 살생이라고 하는 독특한 철학을 가지고 있었다. 그는 "사람이 세상을 살아가는 데 있어 부지런한 사람은 굶주리는 일이 없고 검소한 사람은 부족함이 없다. 그래서 행복한 삶은 근면할 때 마련되고 여유 있는 생활은 검소함에서 비롯된다"는 말을 자주 했다. 그리고 그는 일생 동안 근검절약을 몸소 실천하였다.

8. 부산사랑

어려서부터 부산에 자리 잡고 자수성가한 강석진 회장은 부산 땅은 나의 고향이라며 유난히 부산을 사랑했다. 부산에서 사업터전을 고집스럽게 지켰고 회사 발전과 경제 성장의 붐을 타고 사업에서 얻은 이익을 부산 발전에 환원하려 하였다.

그는 60여 년 동안 동명그룹의 회사와 자택을 한 번도 서울 및 다른 지역으로 옮기지 않았다. 동명그룹의 참모들이 동명산업주식회사의 본사만이라도 서울에 두자고 여러 차례 건의를 했지만 그는 "작은 계열기업이라도 서울에 가면 동명목재상사가 서울로 올라가는 것과 같다"고 하면서 부산지역 발전을 위해 본사 이전을 허용하지 않았다. 또 서울에 있는 공과대학을 인수하라는 건의도 있었지만 그는 부산에 학교를 세워야 한다고 하면서 오늘날의 동명대학교와 부산항만물류고등학교를 설립했던 것이다.

그는 항상 부산 시민들에게 고마운 마음을 가지고 살았다. "오늘의 나를 있게 하고 공장이 발전할 수 있었던 것은 오로지 부산 시민이 있었기 때문이다. 또한 땀 흘리며 일해 준 근로자가 있었기에 가능했고 나아가서 이렇게 마음 놓고 일할 수 있도록 해 준 국가가 있었기에 오늘의 내가 있는 것이다"라고 항상 말하였다.

그리하여 그는 부산 시민에게 보답을 해야겠다는 생각으로 부산의 경제 발전을 위하여 발 벗고 나섰다. 경제 개발이 궤도에 오르면서 부산의 공업도 크게 성장하자 그는 부산 지역인의 고용증대에도 관심을 가지면서 기업경영을 해 왔다. 특히 동명목재상사는 1969년에 근로자 4,000명을 1980년에는 10,000여 명의 종업원을 채용함으로써 부산지역 근로자들에게 일자리를 마련해 주었고 나아가 부산시민의 가계에도 적지 않은 기여를 하였다.

또 그는 부산지역 경제발전의 토대를 마련하였다. 부산상공회의소 회장직을 제6, 7, 8대 역임하면서 부산상공업 발전의 발판을 마련했다. 부산상공회의소 사옥을 이전하고 부산지방 수출 증진의 사령탑이 될 수 있는 수출진흥센터를 설립하여 민간 경제협력도 전개하였다. 통상사절단의 파견과 영접, 무역거래의 알선과 신용조사의 회신, 민간 주도형 외자 유치, 각종 기능검정 및 기능 경기대회 개최, 부산 제2대교 설치 추진, 부산-시모노세키 훼리포트(ferry port) 취항, 상공부 부산지부 설치 요구, 수출조합합동사무소 등을 유치하여 오늘날의 부산광역시를 만드는 데도 중추적인 역할을 했다고 평가받고 있다.

부산상공회의소
회장 재임 시

강석진 회장은 부산의 경제 활성화와 경제적 위상을 고양시키기 위한 여러 시책을 추진함에

1967년 부산은행 창립

있어 주도적 역할을 수행했다. 예를 들면 지방기업의 자본 조달과 지방금융 활성화를 위해 1967년에 부산은행을 창립하고, 1969년에는 한국증권 부산지소를 열었다. 또한 부산항의 수출입 물동량 증가에 대비하여 1969년에는 부산항 부두관리협회도 설립하였다. 1973년에는 산업체 금융 조달을 위해 부산투자금융을 설립하는 등 그야말로 부산이 당면한 현실 과제를 풀어 나감으로써 선구자적 역할을 수행했던 것이다.

제5장 강석진 회장의 건학이념

1. 육영(育英)을 필생의 사업으로

  강석진 회장은 어린 시절에 인생의 고난을 겪은 적이 있었기 때문에 그의 모든 베풂은 마음 깊은 곳에서 우러나오는 어여삐 여기는 마음, 측은지심(惻隱之心)의 발로였다. 맹자(孟子)의 사단설(四端說)에 나오는 측은지심은 기업체 사원 중에서도 특히 생산직 근로자들의 어렵고 고달픈 삶에 관심을 기울이지 않을 수 없었던 것이다. 여기서 그는 근로자의 복지문제에 대하여 깊은 상념에 빠지게 된다.

  근로자들의 임금이나 후생복지에 관한 한 결코 다른 기업체에 비하여 뒤지지 않을 만큼의 대우와 시설이라고 자부하면서도 그는 항상 후생복지의 증진을 위해 노력하기 시작하였다. 고용주로서 고용자에 대한 대우와 복지 향상을 위한 것 중에서 가장 손쉬운 방법은 임금 인상이다. 하지만 그것은 일시적인 방편

오늘날의 동명문화학원 전경

에 불과하므로 항구적인 복지방법이 필요하다고 생각했다.

특히 생산직 근로자들은 어려운 살림살이기에 자제들의 고등교육까지 이끌어 줄 수가 없어 여전히 가난이 되풀이되는 딱한 사정이었다. 그래서 가난이 대물림되는 악순환으로부터 그들을 벗어나게 하려면 자제들에게 공부할 수 있는 기회와 장소를 만들어 배울 수 있는 여건을 조성하고 교육받을 수 있는 길을 터 주는 것이야말로 종업원의 항구적인 복지 증진의 최선의 길이 될 것이라고 생각했다. 그리하여 강석진 회장은 학교를 세우자는 결론에 이르게 되었다.

그가 동명문화학원(東明文化學院)이라는 학교법인을 설립하고 학교를 세우게 된 근본취지는 종업원들의 항구적인 복지증진책의 하나로 학교를 세워 그들의 부담을 덜어 주고 자식들로 하여금 자질과 능력에 따라 마음껏 배울 수 있게 해 줌으로써 모든 근로자는 내일의 풍요로운 삶을 기약할 수 있는 터전을 닦아 준다는 것이 그 하나이고, 궁극적으로 기업이윤의 사회 환원이라는 대의명분의 실천이 학원 설립의 또 다른 취지였다.

1960년~70년대 경제 성장에 따른 고도 산업화 시대에 사회가 요구하는 유능한 인재를 육성하기 위하여 학교를 세워야겠다는 강석진 회장의 생각은 결국 산업보국으로 기업인의 책무를 수행함과 더불어 교육입국으로 국가 발전에 이바지하고자 하는 시대적 소명의식의 발로였던 것이다.

2. 학교법인 동명문화학원의 설립

동명문화학원은 강석진 회장이 자신의 사재(私財)로 설립한 학교법인이다. 그는 자신이 자수성가한 입지적 인물이었기에 가난 때문에 배우지 못한 것에 대한 갈증을 항상 지니고 있었다. 자신처럼 돈이 없어 공부할 수 없는 불우한 아이들의 한(恨)을 매우 안타깝게 생각하였다. 그리하여 1968년 1월부터 1973년 12월까지 부산대학교 기성회 회장도 역임하였다.

또 한편으로 국가가 발전하려면 무엇보다 기술을 가진 인력이 필요한 것은 당연한 일이라고 생각하면서 국가와 사회가 요구하는 인재 육성을 위해 헌신할 것을 다짐하곤 하였다. 그렇게 그는 학교를 설립하여 육영사업으로 인생을 마무리하고 싶었던 것이다.

그는 사람이 살아가는 데 기술의 중요성과 효용가치를 삶의 현장에서 직접 경험한 사람이었다. 15세의 어린 나이에 가구공장의 견습공으로 사회에 첫발을 내디딘 이래 부지런히 익혀 온 기술이 마침내 그로 하여금 한 나라의 기업인이 되게 하였다.

그래서 강석진 회장은 현장의 사실적 경험을 중시하였다. 그는 실제적인 경험적 사실을 통하여 익힌 기술의 중요성을 강조해 왔다. 이러한 그의 신념은 인문계열의 학교를 외면하고 기술교육 위주의 공업계 학교를 세운 것만 보아도 쉽게 짐작할 수 있다.

또한 인재란 높은 학력을 가진 사람만을 지칭하는 것이 아니다. 오늘날 우리 사회가 필요로 하는 사람은 기능과 기술, 직업윤리와 천직의식을 가진 바보스러울 정도로 정직성을 발휘하고 미련할 정도로 한 가지 일을 생각하며 전진하는 직업정신을 가진 자들이다. 그러므로 인재란 자기 일에 충실하고 책임을 질 줄 아는 창조적 사고와 의지를 가진 백련천마(百錬千磨)의 소유자라고 강석진 회장은 말하였다. 그의 교육 사업에 관한 정신은 1974년 부산상공회의소 회장 신년인사에서도 잘 나타나고 있다.

> 앞으로 에너지는 풍족하지 못할 것이다. 원자재 역시 원활하기는 힘들 것이다. 이렇게 제한된 여건 속에서 생산성 제고, 제품의 질적 향상 등은 기업 내 유능한 인재에 기대할 수밖에 없게 된다. 유능한 인재의 확보는 상공인의 공통된 문제로 상공인의 아량과 양보정신이 전제가 되어야 한다. 상공인 사신니 인재를 식별할 줄 알아야 하고 그 인재를 기업수준으로 길러 내어야 하며 그 인재가 확고한 국가관과 기업관을 갖도록 해야 하기 때문이다. 경영학자들은 '기업은 사람'이라 했다. 새해 아침에 우리들 상공인은 이 말을 다시 되새겨 보며 국가·사회·기업이 필요로 하는 유능한 인재를 길러 내는 데 힘쓰도록 해야겠다.

학교 설립의 취지는 세계 속의 기업으로 성장하고 있던 동명목재상사가 '국가백년지대계(國家百年之大計)'의 주춧돌이 되고 지역사회의 기둥이 될 기

동원공업전문대학 현판식

술인력을 양성하는 데 있었다. 동명 50여 년을 통하여 국가가 발전하려면 기술자가 많아야 하고 기술자가 많은 나라는 부흥한다는 것이 그의 지론이다.

그래서 그는 공업입국(工業立國)을 지향하는 국가와 산업사회가 요구하는 중견 기술인을 양성할 교육기관 설립을 위하여 모든 사재를 내어 장학금과 시설 확충에 투자를 아끼지 않았다. 당시 재단에서 학교 운영비를 사용하는 사학의 부패현상을 개탄하면서 그는 가장 민주적이고 자율적인 학원을 건설하는 데 솔선수범하는 청렴한 교육 사업가의 길을 걸었다.

그리하여 1977년 4월 11일 대지 120만여 평에 학교법인 동명문화학원을 설립하고 초대 이사장으로 취임하였다. 1978년 5월 25일 대학설립계획이 승인되었고 12월 28일 설립인가를 받았다. 1979년 2월 배석현(裵錫鉉) 박사를 초대학장으로 선임하고 동원공업전문대학을 설립하였다. 또 평소 종합대학의 꿈을 갖고 있던 설립자의 뜻을 받들어 1996년에 동명정보대학교로 개교하였다가 2006년 3월 1일에 '동명대학교'로 설립인가를 받고 우수한 산학협력중심대학으로 무한한 발전을 하고 있다.

3. 건학이념과 교육목적

(1) 건학이념

TONGMYONG UNIVERSITY

동명대학교

강석진 회장은 건학이념을 "사람은 천부적으로 창조적 기능의 책임을 부여받았다. 이 책임을 완수하기 위해서는 지식과 기술을 갖춘 위에 근면 성실해야 한다. 내일의 조국번영과 인류 복지 증진에 공헌 봉사하여 천부의 책임을 다할 수 있는 유능한 후진을 기르기 위하여 여기 동명문화학원을 설립한다"고 밝혔다.

1970년대 후반기의 우리나라는 숙명적인 빈곤에서 겨우 벗어난 상황이었다. 이러한 시대적 배경과 사회적 상황에서 설립된 동명문화학원이 인재를 양성하되 작게는 나의 조국과 민족을 위하여 나아가 크게는 전 인류에 공헌하고 봉사할 줄 아는 인재를 양성하겠다는 박애정신이 바로 설립자 강석진 회장의 교육사상이다.

(2) 교육목적

건학이념을 기반으로 평생교육을 통해 창의적인 지식과 기술을 개발하고 응용하여 지역·국가·인류에 봉사하는 성실하고 책임감 있는 인재를 양성한다.

(3) 교육목표

- 지성인(Intellectual person): 가정, 직장, 사회생활에서 성실하고 책임감이 있으며 훌륭한 인격을 갖춘 지성인을 양성한다.
- 전문인(Professional): 지식과 기술을 연마하고 직무를 충실히 수행하고 당면문제를 해결하며 새로운 지식을 끊임없이 창출하고 기술을 개발할 수 있는 창조적 전문인을 양성한다.
- 평생학습인(Lifelong learner): 언제 어디서든 일하면서 배우고 배우면서 일하는 평생학습을 생활화하여 자신의 잠재력을 끊임없이 개발하는 평생학습인을 양성한다.
- 국제인(Global citizen): 외국어 능력, 컴퓨터 활용능력, 세계 문화의 이해, 전문지식과 기술을 갖춰 지구촌 어디서나 일하고 생활할 수 있는 국제인을 양성한다.
- 봉사인(Servant of the people): 지성인, 전문인, 평생학습인 그리고 국제인으로서 배우고 익힌 지식과 기술로 지역사회, 국가, 세계 인류공영을 위해 헌신하는 봉사인을 양성한다.

마치면서

동명 강석진 회장은 1907년 한일신협약이 맺어진 해에 태어나 1925년에 19세의 나이로 소규모의 동명제재소를 설립하면서 사업가로서의 출사표를 던졌다. 동명제재소는 동명목재상사의 모체(母體)였다. 광복 이후 그는 대한민국 근대화의 출발점이 된 동명목재상사를 설립하고 1960년대 한국 합판공업의 선두주자로 수출입국의 견인차 역할을 완수하였다.

동명목재상사가 이처럼 국내경제에 막대한 영향을 끼칠 수 있었던 것은 창립자인 강석진 회장의 경영이념에 바탕을 둔 경영전략의 성과라고 할 수 있다. 이러한 경영전략의 성과는 본문에서 제시된 것처럼 '동명'이라는 하나의 그룹뿐만 아니라 한국경제 전반에 미치는 영향 또한 대단한 것이었다.

중국에서 상업의 아버지라고 불리는 백규(白圭, B.C.370~B.C.300)는 "장사를 할 때는 전쟁하듯이 해야 된다"는 명언을 남겼다. 즉 돈을 벌려면 비장한 각오로 노력해야 한다는 의미처럼 강석진 회장은 온갖 고난과 역경을 극복하고 '동명목재왕국'이라는 신화를 창조했다.

그의 기업관은 지금도 살아 있다. "기업하는 사람의 본분은 많은 사업을 일으켜 많은 사람들에게 일자리를 제공하면서 생계를 보장해 주고 세금을 납부해 국가운영을 뒷받침하는 데 있다"는 보국주의 철학을 가지고 있었다.

또 강석진 회장은 자본주의 체제에 유교의 윤리관을 적용하였다. 그의 기업경영 방식은 가족적인 인간관계인 '인정(人情)'을 바탕으로 하여 화합의 질서로 생산력을 향상시키는 방식을 채택하였다. 그가 '가족주의 회사공동체'라는 유교를 바탕으로 하여 '동명가족'을 형성한 것은 부친의 영향을 받아 유년 시절 익힌 유교 공부에 뿌리를 두고 있다. 그는 한국의 전통사상에 서구의 합리사상을 접목하여 동명목재상사가 가장 한국적이면서도 세계적인 기업으로 성장하는 데 발판으로 삼았던 것이다.

작가 이수광이 "상인으로 성공하기 위해 한국인들은 강한 집념, 기회포착 능력, 시세파악 능력을 발휘했다. 성공한 상인들은 먼저 뜻을 세우고 장사를 해서 돈을 모은 뒤 사업을 대형화하는 전략을 선택했다"고 분석했듯이 강석진 회장의 행적, 수완, 성공, 고집, 그리고 그의 철학 하나하나가 모여 동명목재왕국이라는 또 하나의 세계를 만들었던 것이다. 이러한 경험을 바탕으로 그가 남긴 찬란한 유산들은 21세기 급변하는 세계 속에서 표류하고 있는 한국경제에 분명한 지침이 될 것이다.

부 록

1. '東明大賞'의 제정의미

'동명대상' 시상식

산업화시대 한국 수출 기여 및 근대화 공헌 등으로 '20세기 부산을 빛낸 인물'에 선정된 바 있었던 향토 기업인 강석진 회장의 도전-창의-봉사 정신을 지식정보화 시대에 걸맞게 구현한 후세를 지속적으로 포상하기 위해 민간주도로 제정된 '동명대상'은 부산을 대표하는 공익 성격의 포상제도이다.

그러므로 '동명대상'은 부산지역을 중심으로 활동하면서 지역사회 및 국가 발전에 뚜렷한 공적을 이룬 인사에게 산업부문, 교육·연구부문, 일반부문으로 선정하여 부산의 위상과 부산시민의 자긍심 및 애향심을 고취하고자 하는 데 목적이 있다.

2. 훈-포상 내용

금탑산업훈장(2회) 제63호, 제745호

은탑산업훈장(3회) 제77호, 제94호, 제746호

동탑산업훈장(3회) 제105호, 제149호, 제747호

국민포장 5회

산업포장 4회

식산포장(1964년)

공익포장(1965년)

적십자 유공 훈장(2회) 제52호, 제482호

수출유공 대통령상(2회) 제10회, 제13회

대한민국 수출 최고상(4회) 1968년~1971년

대통령 표창(28회)

국무총리 표창 이외에도 총 330회 수상했다.

3. 강석진 회장의 약력

연 도	약 력
1907년 12월 21일	경상북도 청도군 풍각면에서 출생
1925년 4월	동명제재소 설립(부산시 동구 좌천동 67의 4)
1945년 1월	부산진구 범일동으로 합판제조 및 제재공장 확장
1949년 1월	동명목재상사로 회사명 개칭. 동명목재상사 사장 취임
1959년	열대지방 원목인 나왕을 수입하기 시작
1960년 4월	부산시 남구 용당동 123번지에 제1합판공장 착공
1961년 9월	해외시장에 국내 최초로 합판 수출 개시
1962년	동명목재 수출 실적 3만 달러 달성
1963년 12월	부산시 남구 용당동 123번지에 제1합판공장 준공
1966년	부산시 남구 용당동 127의 2에 제2합판공장 착공
1967년 4월	가공합판공장 신설, 포르마린공장 준공
1967년 11월	제2합판공장 준공
1968년 11월	동명목재의 수출 실적 2천1백75만 달러 달성
1968년 12월	제2가공합판공장 신설, 개인부문 납세왕으로 선정됨
1969년 11월	동명목재의 수출 실적 2천9백90만 달러 달성
1972년	파티클보드(particle board)공장 준공
1973년	제3합판공장 착공, 페인트공장 신설
1974년 1월 29일	중화민국 중화학술원에서 명예철학박사학위 받음
1974년	제3합판공장 준공, 화학가공공장 신설
1974년 11월 19일	동명산업주식회사 설립
1975년	합성수지(바니시)공장 착공, 유압기기공장 착공
1975년	부영실업(주) 설립, 고압호스공장 착공
1976년	동명수출포장(주) 설립, 동성해운(주) 설립
1977년 1월 1일	동명개발주식회사 설립
1977년 4월 11일	학교법인 동명문화학원 설립허가 받아 초대 이사장 취임
1978년 1월 1일	동명중공업주식회사 설립
1978년 12월 28일	동원공업전문대학 설립
1979년 2월 14일	동명식품주식회사 설립
1984년 10월 29일	향년 77세로 영면

灿烂的遗产

姜锡镇和东明木材公司

尹美英 지음

东明姜锡镇会长(1907.12.21.~1984.10.29)在1921年，以年仅19岁的小小年纪建立了东明木厂开始从事商务工作。他克服重重困难，为了业务的成长和发展不断的思考飞跃，计划着东明木厂的扩大。从而在1949年，将工厂迁至釜山市凡一洞，将东明木厂更名为东明木材公司，同时全面推动了业务的发展。

韩国最初基于通过贸易经济建国的目标提出了贸易出口政策。1964年11月30日，韩国有史以来出口额第一次突破了一亿美元。为了纪念这一天，政府颁布了"出口节"。胶合板产业第一次进军海外市场，并在1964年被制定为出口业的特色产业，出口量占70-80%，颇有前景。

韩国的出口政策，因东明木材公司的胶合板出口打开了序幕。作为领头人的姜锡镇会长成为韩国经济的先驱，为今天经济的繁荣做出了重大贡献，基于个人企业第一位的他被称为商业界头号人物，曾连续四年获韩国出口奖，20次获总统奖。

姜锡镇会长经营着世界上最大的胶合板公司，在60年代和70年代成为该行业的先驱。东明木材胶合板以韩国的出口为主导，十种主要出口产品在将近20年来一直保持着自己的位置。因此，得到"在单一货种中，作为最大规模的东明木材胶合板项目是韩国出口的转折点"这样的评价一点都不夸张。

姜锡镇会长坚持"企业的发展即国家的发展"的信念，他认为，与个人或公司的利益相比国家利益应当放在首位。因此东明木材公司的胶合板出口业，以国家利益和经济发展为先，做出了巨大贡献。

东明集团占据韩国经济史的半个世纪。韩国战争结束后，东明木材公司以单一的胶合板生产工场在20世纪60年代坐稳了世界同一行业的头把交椅。基于这样不停发展中的东明木材，在过去的半个世纪里，为韩国经济的发展留下了无数的成绩和成果。

独立后，国家的主要任务是经济增长。正如为了韩民族振兴而抛头颅洒热血的爱国志士们一样，企业家门都致力于经济发展来振兴韩民族，因此他们所做出的贡献也应受到足够的重视。从这些方面，姜锡镇会长在从事木材生意的一生，作为韩国出口经济的先驱，作为为韩国经济做出巨大贡献的传奇企业家，一定要被铭记。

这本书中首先讲东明木材公司创造的许多神话，考察其对韩国经济发展具有的影响。探究在韩国的财界史中具有重大意义的东明集团创业人姜锡镇会长的创业足迹。清楚的阐明他如何发挥领导力，他的挑战精神和严谨的分析及判断力，对今天的我们给予怎样的指导和教训，激发我们进取。对他所留下的精神财产进行研究发展，开启未来的基石。

目 录

第一章 最大的遗产，勤俭

一. 出生于朝鲜王朝末期

姜锡镇会长出生于1907年，那时日本以海牙密使事件为借口，迫使废除高宗，签订了韩日新约。日本人因此获取了统监立法、司法、行政，把握了实权。

在经济方面，日本于1910年对韩国确立了支配权，土地调查使秩序十分混乱。日本花费2040万日元经费对韩国的土地所有权与土地价格进行了调查，建立了朝鲜土地调查系统，以提供所谓的殖民统治。这项系统自1910年吞并朝鲜后在1918年才结束运行。

1918年美国总统伍德罗威尔逊发表的"每个名族都必须自行决定自己的政治命运，不应外来干涉"的民族自决主义原则给予当时受到强国支配的全世界无数的弱势民族以希望和勇气。这样，在全世界民族自决主义洪流之下的韩国也发起了独立运动。

因此，韩日合邦以后，对日本非法侵略进行反抗的义兵和义士们纷纷从各地生起，在1919年的独立运动中表现出全体国民的民族气节。姜锡镇会长的童年，就被放置在这样的一种历史氛围之中。

姜锡镇会长于1907年12月21号，在庆尚北道清道郡丰角面出生的三男两女的小儿子。他住在一起的父母、叔叔和兄弟有个快乐的童年。

他祖父在世的当时，是一个一年可以收获500石以上粮食的大户人家。父亲是饱受儒家思乡熏陶的儒生，姜锡镇会长小的时候从父亲那里受到了儒学的影响，因此对儒学也有全面的了解。但是，快乐的童年却并没有持续太长时间。

混乱无序的朝鲜末期，人们的价值观和道德也随之丧失，人的尊严受到蔑视，社会准则更加难以维持，一到晚上，强盗横行，辛辛苦苦储存的粮食也被掠夺了。在这样的境遇下，他也被卷入家庭讼事中，家势逐渐窘迫。

为了生计他只好随父亲在外婆家滞留，或者偶尔暂居在已出嫁的姐姐家。这样的环境下，少年姜锡镇内心充满了"我会赚钱摆脱贫困"的想法。

怀着一定要成功的远大抱负，15岁的他决定去大城市谋生计。于是他来到釜山，在日本人经营的家具店当学徒，迈出了他人生的第一步。他的诚实勤勉以及正直的品格被主人赏识。平日里父亲就教育他"精神一到，何事不成"，他也将此作为人生信条，熟练的掌握技术，超过常人的努力着。

但他并不满意自己，带着"以我之力，做我事业"的信念，他再一次走了出去，于是利用所获经验在1925年釜山市佐川洞建立了小规模的东明木厂。这为今后成为世界上最大的胶合板工厂做了铺垫。

二. 19岁成为东明木厂社长

姜锡镇会长第一次到釜山在1921年，那时只有15岁，因为日本对韩国的经济侵略以釜山为发端，因此将目光投向釜山。所以在创业初期，釜山就成为日本人开创的商业圈。

随着日本对韩国的侵略中经济部分的增加，形成了偏重于日本人的商业圈。在当时，釜山地区产业虽然以酿造业，舂米，制盐等农业加工品工业为主流，但并未从韩国的原始产业结构中摆脱出来。

这个原因限制了韩国的工商业规模，实力单薄的状态下大部分商人涌向集市，成为类似包袱行商商人。殖民时期结束作为韩国经济的彻底服从国家经济，经济几乎不可能找到。

当时有很多小的商店和工厂聚集在釜山市佐川洞。他赤手空拳的来到釜山，心里只想着一定要活下去，不论遇到怎样的困难都要挺住，通过努力一定会挣到钱。

他在一个日本人开的家具店落了脚。这是他人生新的出发点。但是从离开故乡的那一刻起，在釜山的生活远远比想象的艰难。有饭吃有屋睡是他面临的第一个生存问题。

他在木匠手下打杂儿，从最简单做起。他很有天赋，又努力，这是他和树木结下缘分的开始，也是艰难困苦的开始。他努力的学习，将挣到的钱一分一分的攒下来，不敢浪费。那时即使因为饥饿在作业中倒下，倔强的少年也不动摇决心。

他对于树木几乎具有天才般的应用能力。他知道识别树木不同的性质和水分，对于木头的天然构造研究几乎达到专家的水平。早上，将树木向45°的方向搬运，下午又搬运到其它方向，而且如果到了夜晚，放置树木时在不用拧的情况下将树木的摸样变为双十型，只看锯末的量就知道作业已经达到专家的水平。这与小的时候不拒绝杂活，努力做事的经验给了他重要的智慧是分不开的。

因此，在1925年4月，姜锡镇会长在釜山市佐川洞约十平方米的地方创办了东明木材厂。当时正是日本人占有木材业的时代，无名的朝鲜青年建立工厂使很多人惊讶诧异。但是他遵守信用人际关系也很好，得到了周围商界的信赖。

在这样的努力之下，一方面开始储备事业的基础和资金，一方面将工厂迁至正规的木材制造业中，即进入事业的第二阶段。特别是1950年韩国战争之后，战后复原事业以及美国军队进入之后对胶合板需求的增加，使东明木材胶合板产业成为市场上的畅销蛋糕。

围绕在十平方米成立起来的东明木厂步入经营之路，40年间扩大至210平方约5万余平的建筑，员工超过万人以上，没有谁可以将单一产品生产工厂销售额突破500亿韩元，但可以向世界炫耀的东明木材公司，却实现了。

恶劣的环境中的他能够成为一个国家的输出国王，经济界的巨人，驾驭着不可磨灭的功绩，不仅仅是碰运气能做到的。即使小的时候为了解决温饱在家具工厂做工，也绝对不是偶然的事情。这就是他素质和潜力的表现。

他惯用"木材永远是与人类有着密切联系的自然物"这一种说法。他还有【勤学初卷】中的"木德之光"的说法。即人从树木中悟到德行。所以也可以说"用树来创办一个公司"。事实上，他对于树木的依恋和关注令人难以置信。这是一个以钱为为中心的历史时代，从贫困中摆脱的捷径是为国家和社会的奉献之路。

三. 青少年时期形成的经营伦理

从1921年姜锡镇会长在釜山家具厂当学徒向社会迈出第一步的时候，他只有15岁。他试图第一次创业的1925年正是无法从小规模的家庭手工业原料加工团体中摆脱出来的时候。

但是四年的刻苦以后仅仅19岁的青年就创办了东明木厂，那之后又反复的成长。作为企业家的50年生涯中，发生了沧海桑田的变化。在那样艰难的时期，19岁青少年的创业背景可想而知。

首先，基于受到他私塾先生父亲严格的儒家教养，他性格形成和社会活动都受到儒教伦理很大的影响。【论语】里弟子子贡向孔子提出政治问题时，孔子说"足食，足兵，民信之"。在这里"足食"即解决了衣食住的民生问题，"足兵"即解决了军事问题，"民信之"即百姓伦理意识的提高。这样来看，在政治中最重要的要素中的一种即经济要素。同样，儒教的经济观和贫困的现实体验是他下决心来实现经济独立的起因，这也是他能在青少年时期把精力集中于创业的起因。

〈公司国籍的调查〉

(单位：千圆)

	1920年		1929年	
	公司编号	资本	公司编号	资本
日本人成立	414(76.1)	151,893(83.1)	1,237(70.1)	193,737(62.4)
韩国人成立	99(18.3)	19,204(10.5)	362(20.5)	19,878(6.3)
韩日联合	29(0.3)	9,583(5.2)	165(9.3)	95,785(31.0)
外商设立	2(0.3)	2,150(1.2)	4(0.1)	1,221(0.3)
计	544 (100%)	182,830 (100%)	1768 (100%)	310,621 (100%)

第二、他在1921年离开故乡来到釜山家具工厂做学徒的四年之后，创立了东明木厂。当时，韩国人的收入和日本人相比是非常低微的。建造房屋木匠的收入和日本人相比只不过占人家的63%，和当时的物价比较来看的话，自己的资本比例用来创业的话是根本不可能的事。他不顾这些，坚持创办了东明木厂。从儒家名门中诞生的他，诚实勤勉节约精神以及坚强的自立意识已经从幼年时期从身体中拿不出去了。这样能够创立大企业的企业人的素质他全部都具备了。

第三、1925年成立的东明木厂1945年已经发展到可以扩张胶合板和制材工厂的程度，特别即使在困难时期，在制造领域，扩大生产设施配备，为日后成为大企业做了垫脚石。而且，在民族资本发展困难的时期能够扩大自己的事业，正如前面所述正是建立在他勤勉、节约、诚实的素质之上。

所以19岁的青少年能够克服恶劣的社会条件正是因为从父亲那里受到儒教影响的结果。在这样恶劣条件的时代性和日治殖民地掠夺政策下，独立后改名为东明木材公司，巩固了企业的基础。正是基于他勤勉诚实的人格。最终，青小年的创业基础遵循了儒家伦理的原则，勤勉、节约、信用、政策、合理性，以及自我约束。在儒教的忠孝基础上，他的国家观也可以反映出来。

第二章 东明木材公司的设立和发展

一. 致力于胶合板行业

木材工业是基于森林资源上的劳动密集型的原料产业，特别是运输费和保管费占很大比重的产业。我国森林面积和储存量非常低，大部分收入依存于原木，因此木材工业的发展必须建立在确保稳定的木材来源上。

姜锡镇会长1925年4月在釜山市佐川洞约10平方米的地方创办了东明木厂，当时的制材业在整体工业生产量中占的比重非常小。独立之前，我国的木材工业还保持着原始形态，小规模的手工业体制下约2500多个官营手工业体制的木厂散落分布在各地的山区。

特别是20世纪30年代中后期，木材业总产量比例逐渐低下，相比之下，化学金属工业占国内生产总值的比例越来越大。1931年满洲事变和1937年中日战争期间，韩国的工业转变为重工业。在这样的时代背景下，这个时期建立的木材工厂给了他很多的困难。

日本继续推进着侵略政策，对韩国人成立的企业冷眼旁观。日本人借助企业整顿措施除掉了韩国人经营的一些大规模的工厂。在困难中建立起来的东明木厂也不例外被迫关门。因为日本的掠夺，他哭着关闭了充满依恋的东明木厂。像所有的韩国人一样，他也被推到一个困难的时期。

1945年国家解放后因美国，英国，中国，苏联等国家在韩国一些地区的信托统治，韩半岛分为左翼和右翼两派，争论非常激烈。在此之际，他再次投入木材业。他深信制材厂只卖方木和胶合板就可以有很好的收益，但当时胶合板并没有大众化，所以也有一时通过借助私人放债艰难维持经营的时候。然而他却始终关注于胶合板生产，这和下面要说的有关。

第一，最大限度的利用原材料。独立之前，原材料都来源于江原道和两江道的长白山以及日本等地区。三八线将韩半岛分为两部分以后导致原木购买非常困难，这样的情况下符合规格的板材和刻木剪裁后留下的脚料碎块没有用处，资源的损失和浪费非常严重。然而制作胶合板的话这样的下脚料甚至碎块全部可以制作成品使用，这样一来制止了浪费，节约了成本。从而最有效的利用了原材料，这也是他节约精神的体现。

第二，是他不断的研究和开发的结果。在当时作为建筑材料的胶合板并未被推广。因为我国的森林储蓄量很低所以板材价格高且方木数量不足，自然新的替代材料的需求就会增加。和那时对比，结实，轻巧，美观的胶合板的制造器的研究和开发就多样化了，加上华丽的花纹和艳丽的色彩且质量较好的胶合板制造自然会取得成功。

带着这样的信心，他不屈服于逆境，为了事业的成长和发展不断的思考，孜孜不倦的飞跃，计划着东明木厂的扩展。因此在釜山市凡一洞盖了新的工厂，配备了生产设备，在进行工程的过程中配合着祖国的独立。

具备着新的决心和精神准备，他转移到新厂，到目前为止，不仅木材事业，也为了胶合板生产配备了设备。因此在1949年1月，改称为东明木材公司，就任为社长，推动了业务。始终以木材产业为理念建立了胶合板工厂。

但是，解放后由于社会局势的混乱所有的事业都处在危机中。其中，东明木材公司因为对工厂搬迁和设备的资金投入困在运营资金枯竭的危险局面。不过，不久之后他的预言就实现了，随着胶合板需求的逐渐增加他们也度过危机。正好那时被称为民族的惨祸的韩国战争爆发，这个民族的悲剧却正好是东明木材公司急速发展的契机。

二. 韩国战争和东明木材公司

韩国战争爆发于1950年6月25日。生产设施，以及人们生活的基础房屋都因为战争遭到摧毁。36年漫长的岁月里遭到日本殖民统治的国家，因为多年的经济破坏，韩国的经济完全是一片空白的状态。韩国战争给韩国造成约30亿美元的损失。

1953年休战协议签订以后，韩国的JGNP为67美元，是世界上最贫困的国家。直到1960年，得到美国的援助达17亿3千9百万美元。可见韩国遭到了多么大的损害。被破坏的生产基础和生产设备恢复，振作精神的恢复，可以说是从原始状态的恢复。

韩国战争以后，即使社会仍像以前一样混乱，在我国建筑业界新登场的胶合板却算是走到了成熟期。战争结束后韩国有了很大的转变。房屋建设和各种恢复事业，人口增加，营造了木材业急速成长的社会环境。

他像被插上翅膀的天才一样发挥着克服任何困难的才能，一鼓作气将事业带到正常的轨道上来。东明木材公司制定了胶合板生产体制，为事业的跳跃做好了准备。在当时，因为要求高技术含量的胶合板缺乏，和木板一样单纯的木材成为当时主要的建筑材料。但是，坚固轻巧且加工简单使用范围广的胶合板一被推向市场就爆发出相当高的人气。在东明木材公司工作的200余名职工为了满足需求不分昼夜的投入胶合板生产。

1959年9月中秋时强大的"saraho"台风来袭，釜山港、浦项、九龙浦、日本对马岛、大韩海峡均遭到了巨大的损失。当时，他为了企业的扩展正在集中全力。他的勤勉和诚实帮他度过了这个难关。不屈的精神和乐观的心态帮他扫除了障碍。在"立即行动"的勇气下，公司日益发展，财产也日益增多。

韩国战争以后随着战后恢复的正常化和1960年经济开发，土木和建筑业的活力恢复和居住构造改善的必需指标，达到一个新的起点。1960年4·19革命，独裁政权崩溃，是动荡的政治性、社会性被放大的时期。

但是他并不参与到凌乱的时局的洪流中，只是作为一个企业人为经济强国的宏伟意义按部就班的进行自己的事业。1960年到1979年是为了企业长足发展的充电时期。带着30余年作为经营人以来所具备的经验，为木材行业的未来发展，大幅度扩展公司，终于在1960年4月，成功创办了第一胶合板工厂。

1960年秋，为了确保釜山市南区龙塘洞的地基，开垦了野山堆起了高台，现代式规模的亚洲第一个胶合板工厂开始建立。随着尿素合板的开发，来自美国军队的购买打开了外汇收入之门。从这时开始，胶合板生产正常化了。而且随着国防和国内需要，公司日益繁荣。

这时姜锡镇会长制造世界第一产品的信念和责任感增强了，职工的工资体系也成为和成果挂钩的实名制体系。东明木材公司职工人数最多达到7,000人。胶合板一天的生产量也相当大。东明木材公司生产的胶合板在每条生产线有固有的标记，不合格产品生产出来的话生产者姓名会在生产线中显示出来，所以职工对自己生产的产品都非常重视。说起来生产制品的话实名制已经从那时就开始了。

公司的气氛就像是烟雾缭绕的战场，职工像投入战争一样团结一致。支付给职工的工资也是最高水平。这样一方面强调职工们对产品生产负责，另一方面姜锡镇会长针对应该支付的工资问题，制定了绝对不能违背月薪日的方针，而且他从未违背过这一方针。

1962年，为提高产品质量，采取了品质管理制度并从西德和瑞典引进了最新的机械，现代式的工厂出现了。因此，1964年开始，东明木材公司不仅在国内，也开始向亚洲最大的胶合板工厂进军。

他为了东明10年后的未来制定了精密细致的计划，为了实现这个计划也制定了公司的经营方针。品质的高级化，共生共赢，价格标签运营，经营的室内化，劳资一体等。

1965年5月建立了第一工厂，引进外国技术，打印胶合板和PT胶合板工厂建设也开始发展。第一工厂生产量增加的同时海外信用度也提高了，顾客的满意度也渐渐的提高。他感觉到了第二工厂建设的必要性，于是在1967年建立了第二工厂。优秀的设备和少量的投资就可以生产最优异的商品。给顾客以最低廉的价格贩卖就是他企业理论的结果。

公司的规模日新月异，这是他眼光独到以及所有职工努力的结果。作为世界最大的胶合板品牌，抓住了国内市场主流的东明木材公司，第一、第二、第三工厂开工以后每天有170,000张胶合板被生产出来。长度换算过来的话能打到418.8km，仅次于将首尔和釜山连起来的京釜高速(427km)，生产量极为巨大。不知疲倦的致力于胶合板生产中，直到70年代输出额达到100亿美元。

第三章 韩国输出产业的旗手

一. 国内头号上升的东明木材公司

1960年的韩国经济依存于政府，给予经济主体的参与者奖励。1962年以来，五年经济发展计划开始。1962年开始的第一个五年经济发展计划(1962~1966)的目标是"独立成长和工业化的基础构成"。

在此期间，GNP达到了8.3%，与1962年计划的3.1%相比，是一个惊人的成长。第二产业的增加，第一和第三产业相对较少。这时，东明木材公司在釜山市龙塘洞建立了胶合板工厂，开始投入生产，从此成为输出建国的领头人。

我国整体的森林面积占国土的65.2%，看上去是个很大的数字，但人均森林储蓄量与发达国家相比非常小，木材需求占了输入的大部分。特别是胶合板制造100%依靠原木输入。胶合板首先需要把原木削薄顺着纤维方向重和粘牢。胶合板产业1936年以大成木材为出发点，借力于政府的输出主导型成长政策和国内建筑经济的旺季急剧的成长起来。

因为韩国战争以后各个地区的复原作业，一时颓萎中的胶合板产业迎来活力。随着胶合板需求急剧的增加，东明木材公司生产的胶合板渐渐以优质著称。战后的重建工程为胶合板界的成长起到了非常大的作用。

姜锡镇会长经营着世界最大的胶合板业，在60年代和70年代的成为韩国输出的主导。他积极的开发海外市场，开发着胶合板输出产品，也在确保原木安全性方面做出巨大功绩。在其他胶合板商有困难的时候，他站出来帮其解决问题毫不吝啬的给予支援。在胶合板业界留下美名。所以开辟了韩国胶合板产业的他被称为胶合板之父。

第二个五年计划(1967~1971)偏重于工业化的规范化和农业近代化。朴正熙总统对经济发展的思想是"用先进技术建设国家"。姜锡镇会长坚持采用先进技术和出口政策。积极的行动使东明木材公司成为胶合板出口第一国。

东明木材公司60年代和70年代(1968~1971)4年来连续占据国内出口排名第一位，这是姜锡镇会长"出口爱国"经验哲学的结果。正如朴正熙总统也强调出口为主导的经济成长理论，两个人的观点不谋而合。

(单位: 1/8〞千S/F)

企业名称	1966年	1967年	1968年	比上年增加
东明木材	418,200	499,179	830,064	66.3
大成木材	307,047	408,617	583,711	42.9
盛昌企业	297,772	315,689	416,380	31.9
青丘木材	23,096	44,867	111,148	147.7
光明木材	77,318	99,305	126,791	27.7
韩国合板	74,725	98,371	210,421	113.9
新兴木材	-	24,338	105,429	333.2
总　计	1,198, 158	1,490,367	2,383,944	60.0

上表是国内7个胶合板制造企业生产成绩的比较。东明木材公司的生产率在整个胶合板创造业中，总生产额中1966年约28.7%，1967年约29.8%，1968年约28.7%，在胶合板产业中占据至高无上的位置。

东明木材公司的代理店在全国有77个，从它的分布来看，釜山有28个，首尔9个，庆北12个，庆南9个，其他地区19个。东明木材公司的胶合板常常是需求大于供给，代理店的竞争也非常激烈。

在此期间，东明木材公司继承了金塔银塔产业勋章，并连续4年获得了出口最高奖。第一次穿行于海外市场的胶合板产业在1964年被指定为出口特色产业，达到年均30%以上的高出口增加率，成为占总生产量的70~80%为出口的有前途的产业。因此东明木材公司是有益于国家有益于经济发展的企业。

国家第三个五年计划(1972~1976)指向了贸易强国以及加强长期的国际竞争力，指定了从劳动密集型产业向技术密集型产业转变的政策。这时东明集团的投资方向也偏重于重工业并着力提高技术含量。

在此期间，东明集团成立了福尔马林工厂，清漆工厂，油漆工厂，汽车维修工厂，橡胶滚杠工厂，化工药品进口贩卖等以重工业为中心的东明木材株式会社1974年11月成立了。1976年成立了东明海运股份公司负责运输。1977年成立了以建筑和土木为主的综合建设业领域的东明开发股份公司。1978年成立了东明重工业株式会社。紧接着1979年2月14号以食用油的膳食改善成立了东明食品股份公司。东明集团响应国家产业结构调整的同时也发生了巨变。

姜锡镇会长一直保持着"企业人通过企业来实现自我，为了国家的利益而投入全力以赴"的观念。正如他所说的，他挑战和创造的半个世纪都是因为爱国而进行事业报国的半个世纪。他以事业报国为根本，服务于国家和社会，领导着韩国的经济发展。

二. 首次海外扩张，快乐的时刻

1960年坐落在釜山市南区龙塘洞的东明木材公司当时是韩国最大的工厂。为了满足国内的需求东明木材公司虽进行了扩张，但国内有限的原材料不能够满足需求。1959年他第一次在热带地区购买了叫罗王的原木。这时我国的军队要求东明木材交货，驻韩美军也要求交货。从这时开始东明木材公司上升到顶点位置。

1960年秋天，收到了来自美国"贵公司制品胶合板进口"的邀请。

因为美国驻韩美军使用的胶合板不仅质量好，价钱与美国生产的，比非常的廉价，所以想要从韩国进口胶合板。东明到今天仍然满足国内的市场销售，向美国输出得到了一个接一个新的市场。

东明木材公司的打开了我国胶合板出口产业的出口之路。但是管理人员和工程师十分缺乏，即使打开了出口之路但与美国签订的货单要求产品质量非常高。一次都没有生产过的名为DDA的产品是最高档次的商品，从当时东明木材公司的设施和技术来看根本不可能生产出来。

但是此时姜锡镇会长认为这是为了东明制品的质量改善很好的一个机会于是全力以赴。于是进口日本品质优良的胶合板进行研究，为了对制品彻底的管理还聘请了日本专家检验员。

1961年9月历经辛苦和研究之后终于第一次生产出了输出品。东明胶合板第一次向海外进军的日子，当釜山港中央码头输出船舶的汽笛声响起时，他流下了激动和欢喜的眼泪。

20世纪60年的胶合板工厂开工的同时，他通过引进现代机械和技术不断的扩张企业。同时，为了生产性的提高和高品质产品的生产，他亲自在生产线指导作业。把工厂细化，采纳品质管理制度将经营改善和制度改编并举。

因为在适当时期开始的企业经营刷新，1961年第一次打开了胶合板出口之路，特别是基于这一点，与出口建国的国家性的指标相吻合，这对公司的发展是重要的催化剂。

1961年首次输出的东明木材公司到1964年达到4千万美元的成绩。东明木材公司1966年建立了第二工厂，1967年建立了加工胶合板工厂和福尔马林工厂。

姜锡镇会长为了提高产品质量又制定了另一个计划。引进西德最新的机械以后开发和生产了美装胶合板和家具用的附板。制材品大约20余种新产品，掀起了国内木材业的一股飓风。同样，产品在受到国内的认证之后，东明木材制品的出口成为韩国出口业的先行者。

除此之外为了扩大出口在海外设立办事处。设立进口部和出口部。进口部门以香港、新加坡、印尼、马来西亚等为主，出口部以美国、英国、科威特、沙特阿拉伯、伊朗等为主。

东明木材胶合板一得到美国的认证其他国家也纷纷订货。这样东明也在海外进军成功了，在这样的契机下，国内其他胶合板业也纷纷咨询。通过改善设备扩充企业慢慢的走上了出口之路。这样不断的经验改善也是他预见时代性的趋势对未来指向型的企业经营的一个层面的体现。

韩国因贫乏的技术和资源在1960年到1970年间，只有出口的命运，那些日子里，除了为海外出口而工作挣到很低的工资以外没有别的活路。出口像军事行动一样进行着，朴正熙总统在总统府召开"输出振兴"扩大会议，对出口直接管理和奖励。

1964年11月30日，韩国历史上首次出口额突破1亿美元。与第一个五年计划开始的1962年5千5百万美元相比，增加了2倍。为了纪念这一天政府规定这一天为"出口节"。

这时，姜锡镇会长受到了朴正熙总统颁发的输出贸易振兴奖。国内民营企业位居第一，他开始将目光投入重量级的部门。从销售额来看，1965年50亿元，1970年100亿元，1976年为500亿元，渐次增长。1968年以来至1971年，他连续获得国内输出最高奖，到1979年获得总统奖过20次。这样他经营着世界上最大的胶合板公司，60年代和70年代成为韩国出口产业的先驱。

韩国十项出口商品中胶合板的变化趋势1961年来处于第8位，1970年上升到第2位，1975年第4位，1980年第8位。在此期间，东明木材的胶合板成为韩国出口的主导，十项出口商品约20年间始终中保持着自己的位置。所以"韩国出口单一货种中规模最大的是东明胶合板"这样的说法并不夸张。70年代的胶合板，纤维类，鞋等是出口的主要商品，韩国产业结构的变化也使东明木材公司成为先行者起到了作用。

姜锡镇会长会正确的预测经济发展的走向，不错过任何使企业的成长的机会，对企业经营有着敏锐的才能和思考。东明木材单一胶合板工厂屹立于世界顶级的位置，60年代巩固了企业基础，这样的事实也是建立在他的创造性的睿智和卓越的才能的基础之上。

三. 韩国胶合板出口的旗手

1960年代韩国的经济有着令人刮目相看的成长，特别是第一个五年计划期间平均成长率为8.3%。从制材业的比重来看，首先事业体数目从1966年度的796个到1967年的862个来看，比重增加了8.3%。职工人数从1966年的7187人到1967年的11661人来看，比重增长了62.3%。随着各种产业用的木材需求增加，制材工业的规模也扩大了。

特别是胶合板工业与其他木材工业相比呈现急剧增长的趋势。例如在1968年总输出额5亿美元中，初次向美国输出的胶合板占到约14%的6千8百万美元，1964年被定为出口特色产业之后每年的出口率都在上涨。

按每年的胶合板出口的大消费国美国市场占有量来看，直到1965年以来，日本占到美国市场的33%成为第一出口国。但是1967年开始我国超过日本，1968年为30.6%，1969年(1~9月)为38.6%，市场占有率持续占据着第一位。这样，韩国胶合板市场飞跃般的发展起来了。

〈韩国胶合板输出情况〉

(单位: 1,000美元)

企业名称	1975		1976年		1977年	
	金额	占有率	金额	占有率	金额	占有率
东明木材	54,435	23.5	83,393	23.96	100,335	24.31
大成木材	31,205	13.49	45,686	13.12	51,288	12.42
盛昌企业	25,611	11.07	32,538	9.35	40,159	9.73
青丘木材	11,566	5.02	18,459	5.30	17,014	4.12
光明木材	11,603	5.02	20,545	5.90	22,992	5.57
韩国合版	16,255	7.03	23,381	6.72	26,443	6.41
大明木材	10,259	4.44	18,017	5.18	22,066	5.35
先唱产业	13,923	6.02	21,959	6.31	24,923	6.04
泰昌木材	27,456	11.87	37,853	10.87	49,986	12.11
半岛木材	15,053	6.51	22,545	6.48	28,282	6.85
大桥产业	7,239	3.13	11,703	3.36	13,734	3.33
同化商协	4,022	1.74	4,192	1.20	5,290	1.28
移建产业	2,628	1.16	7,847	2.25	10,266	2.49
总　计	231,255	100%	348,118	100%	412,787	100%

上表是韩国的13个胶合板制造企业的胶合板出口业绩的比较。东明木材的胶合板出口与同行业相比1975年23.5%，1976年23.96%，1977年24.31%，数字显示东明木材出口比重在同行业显示呈上的形势并占据同行业首位。

可以看到东明木材在当时韩国胶合板业中所占的位置是很了不起的。这与当时作为经营者的姜锡镇会长坚持生产性的向上，技术的增长以及出口的经营理念有着直接的原因。

他的经营哲学中研究和开发的精神是不可分割的一部分。努力提高产品质量依靠新技术和施工法来生产新产品，为此投入研究和投资时毫不吝啬，在公司里设立研究开发部用以将来开发新产品。他认为优秀的胶合板创造是最重要的是粘合胶，于是他开始了粘合胶的开发和实验。

他的研究团队开发了完美的粘合胶，作为这一努力的结果，研究人员开发出一种粘合剂，并获得发明专利。东明胶水厂是每月生产力高达6000顿的亚洲规模最大的胶水厂。在韩国，日本，台湾，东南亚每月以2000顿的出口量得到了质量上的认证。这样东明胶水厂继续添设，扩大。

在军队中比重较小的1961年为了军用品的管理聘请了专家检验员，为了作业合理化将工厂细化为部分，提高生产运营的效率化，试图业务分流等一切为了生产和需要的对策。这是在适当的时期改编体制将企业呈现一个新面貌的一个很好的例子。

一时胶合板工厂的核心原木供给中断，为了教育职工和提高生产性他摸索出多种方法，同时计划进口原木来以防万一。在困难的时候经受住挫折，等待转祸为福的契机，坚持，挺住，努力的自我成长着。

韩国原木不能自己自足的现状下，他考虑到企业的生存要依靠于高质量的产品。这样，从1960年开始每年都进口最新的机器来扩展企业的规模。这样也提高了产品的信誉度，他为了生产的一体化提出了劳资一体和生产共赢的生产理念。1964年，公司的经营方针为品质的高级化，共生共赢，价格标签制运营，经营的充实化，劳资一体等。经过了苦难的时期，设定了未来的发展目标，蕴含了作为经营者的理念。

他的经营方针不仅是单纯的口号而是体现在具体的行动上，例如和勤劳工作的员工常常亲近往来近距离沟通。和他们一起吃饭，希望东明家族带给他们温暖。夜间作业的时候帮他们打下手以鼓励员工，他们若有困难就与他们谈话，像父母一样爱他们。未来指向型的经营哲学和职工一起共生共赢的仁爱之心，是他企业经营的本质体现在人本主义的方面。

他执念于出口建国，不仅局限于60年代，70年代也一如既往。经过了1970年韩国产业社会内外性的若干困难，持续的成长下终于在1977年突破了100亿美元的大关从而达成了目标。这样胶合板工业急速成长了起来，并连续在十种出口产品中保持了自己的位置。1977年东明木材公司的最高出口成绩为100,350,000美元在单一产品出口中堪称全国最大规模。

(单位: 1,000美元)

地区	1975年		1976年		1977年	
欧美地区	33,466	61.48%	38,797	46.52%	38,737	38.61%
拉丁美洲地区	54	0.10%	67	0.08%	1,549	1.54%
澳大利亚地区	1,527	2.81%	1,891	2.27%	1,656	1.65%
欧洲地区	4,576	8.41%	24,110	28.91	17,503	17.44%
非洲地区	94	0.17%	-	-	379	0.38%
东南亚地区	-	-	106	0.13%	-	-
日本, 香港	12,632	23.21%	11,375	13.64%	17,904	17.84%
中东地区	1,246	2.29%	3,605	4.32%	13,788	13.74%
局部地区	840	1.53%	3,442	4.13%	8,819	8.79%
总 计	54,435	100%	83,393	100%	100,335	100%

上面的表中东明木材胶合板根据地域差别的出口成绩来看，欧美地区每年处于第一位。1975年欧美地区61.4%，日本和香港地区23.21%。1976年欧美地区46.52%，欧洲地区28.9%。1977年欧美地区38.61%，日本和香港地区17.84%，欧洲地区17.44%。

70年代的经济洪流来看，当时东明木材的胶合板出口和60年代相似，与其他的木材公司比较更加优异。依据这样在世界贸易市场比重来看，韩国的比重1962年为0.48%，1978年以起点1%的记录成功了。东明木材公司带着"出口即爱国"的信念为了富国强民在出口贸易市场中起着先导的作用。

姜锡镇会长一生始终一贯的对树木喜爱着，投身于木材产业是众所皆知的。他诚实的品质和生活态度，使企业成为汉江以南最好的。尽管韩国经济遭受过几次挫折但最终发展为世界性的贸易大国。韩国通过贸易来经济建国的目标指导下，出口政策也始终如一的贯彻着。

东明木材公司的胶合板出口为韩国的出口激励政策拉开了序幕，姜锡镇会长成为韩国现代经济的牵引力，为今天的繁荣做出了巨大的贡献。他保持着"企业的发展即国家的发展"的信念。他透彻的国家观无论是个人还是企业来看，首先以国家的需要为优先。这样的精神指导下，为社会做的服务和牺牲就不断的进行着。

因此1974年1月29日，姜锡镇会长受到了中华民国领先的技术机构中华学术院的名誉哲学博士学位，而且有文章中称道"向东方的巨星木德之光仰望"。中华学术院授予他哲学博士学位的理由如下：

> 先生自幼性格率直诚信，经营木材业发挥出非凡的才能。在此期间，大量的出口为韩国的经济发展做出了巨大的贡献。公司利润回报社会，对帮助贫民保持着关心…本院欣赏先生的自由民主主义的精神，他敢于主持正义，热衷于企业的经营和教育事业，对文化教育出力，基于以上本院委员会审议后一致通过授予先生名誉博士的学位。

独立后国家的主要政策为经济成长。像为了祖国独立投身于独立运动家一样，为了经济发展献身于企业的企业人也应当给予充分的肯定。从这些方面来看，他的一生投身于木材业的同时也成为韩国出口的先驱，为国家经济的发展做出巨大的贡献，是作为企业人一定要铭记的人物。

以上所述，他的企业经营具有常人想象不到的长远的眼光和智慧。特别是企业经营显著的以人为本的伦理意识，在劳事纠纷严重的现代企业风气中，他作为模范的经营者所得到的评价毫不逊色。

第四章 姜锡镇会长的经营哲学

一. 创造性的锐志和挑战

姜锡镇会长计划和谋划事情的时候绝对没有性急求快的时候。事情所处的状况或者社会性的条件适当的话，即使有难度，带着对未来积极的希望，带着希望性的判断，对周围的反对置之不理，即使支付很多的费用，只要能促进事情的发展就会去做。

60万余平的大地上建立起来约5万余平的东明木材公司作为单一产品的生产工厂，其生产规模在世界上也属于第一位。釜山市南区龙塘洞最初几乎是没有人往来萧条的小港口。韩国战争结束后，因为战后复原工作，木材和胶合板的需求日益增加，事业才渐渐繁盛起来。当时的形势下他预测到将无法承受庞大需求量。所以在几乎是不毛之地的港口周边的土地和小山坡进行了开发。世界上屈指可数的胶合板生产工厂就这样诞生了。

东明木材工厂的建筑都比上限更高，以高仰鹏建成。他直接参与设计，建立的工厂的高鹏都出奇的高。对于这一设计人们虽然感到不可思议但他却有另外的打算。胶合板事业数十年以后，随着人类居住方面改变，随着新素材的发展新的建筑材料的出现木材的需求也将发生着变化。

他预测到了这样的事实，想到或许会成为夕阳产业的木材工厂等到关闭的那天，与基本设施无关的建筑用途就会迅速的转化。东明木材公司在釜山港东边的位置，地理位置优良。如果输出业的数量增加，作为保税装置的物品保管的仓库就会成为需求。这时拿去工厂内部的器械设施的话，可以将仓库转用，因此建造了令人出乎意料高的工厂建筑。

而且将原木运输到工厂时没有可以利用的重型装备，只有通过海上漂浮的方式水路运输来移动到工厂，木材才比较容易刮刨。所以与内陆相比胶合板应当建造在靠海的地方。为了尽量不浪费时间和人力他每件事都计划缜密。

他贯穿未来，根据预测到的变化来经营企业。他对每件事情都随机应变的对策不仅是10年、20年，他能预测到更遥远的将来作为眼光长远的企业经营者，他保持着预测未来的先见之明。

二. 不断的研究和开发

姜锡镇会长将研究和技术开发作为根本，不断地进行思考。甚至表现出不思考的人不该吃饭强烈的研究欲望。他的经营哲学中研究和开发是无法消除的精神部分。一方面不断的思考，另一方面在产品质量提高的同时为了制造新产品的研究和投资，所支付的费用却是毫不吝啬。

他虽制造了优秀的胶合板，但最重要的是想到了粘合剂，奖励研究小组以制造出完美的粘合剂。于是开发出了从发源于尿素树脂，水溶性强的全能胶粘剂。而且胶合板制造的过程中出剩下的废弃物和粘合剂混合之后经过高热压机生产出一种叫做"刨花胶合板"的新产品。

要想与海外市场的先进产品竞争，新技术的开发是胜败的关键。过去东明木材输出竞争的成功就是建立在高技术基础之上。不断研究的姿态和技术力的提高也是今天给我们激励的部分。他对国际技术博览会予以高度的关注，在担任技术经济大会委员长活动期间，他强调任何时候都要具有精神的使命感。他们的大脑和技术都是国家宝贵的财产。

"百炼千磨"是他平常喜欢的座右铭。学习熟悉知识和技术要百次锻炼、深思熟虑。具备这样的精神，在困难时期的东明木材公司才有可能渡过难关并创造出很多伟大的神话。

三. 信誉第一主义

和木头一起生活的姜锡镇会长一早就知道弯曲的木头无处可用。他是佛教徒，他从卐字中领悟了很多。诚信是不屈而强大的意志力和精神的符号。在任何情况下信念和信仰都会促使他去立即行动。

他设计制造了各种建筑构造 与弯曲的曲线类型相比他坚持单调的直线和直角。建立釜山市龙塘洞现代式的胶合板工厂的时候和建造东明文化学院的时候也是他本人亲自设计，每次安排建筑的建设都必须要有直角。营造了一个任何事情的整顿都正直和规矩的企业环境 提高了生产性和效率，体现了他独具慧眼的哲学。

姜锡镇会长在【东明社报】中创刊中讲到"所谓诚意是指真实的没有谎言的心，无论是什么样的事都要有责人心，带着良心充分发挥自己的能力"。他的企业精神以正直为基础。企业人欺骗顾客就是欺骗自己，欺骗自己就是不诚实的行为，这一点不能忘。

他在公司里也常常强调正直。自身若不带着正直的心对所有的事物和事态就无法正确的做出分析评价，所以技术人员保持着正直的心态是最重要的。公司是否诚实守信是通过产品的品质来体现的，这个铁的纪律就是东明木材公司的风气。

东明木材公司的技术性的发展就是以这样的信誉为基础形成的。他的事业以制品和企业的信誉为前提 甚至站在保护顾客的立场上。所以东明木材公司以供应商优先支付现金运营。通过票据放给物品贷款的情况会导致供应商的财务恶化 不用说提高价格或者提供不良品。他留心分销商和供应商的资金问题 凭着良心经营企业。

姜锡镇会长先进性的思考方式和企业哲学在超越时代方面是一个先行者。整个50年企业的历史中没有发行过一次票据 他的经营方式和其他企业相比，是前所未有的创新管理。与通过票据提供交易企业的交货贷款、利用大规模的资金将没有竞争力的中小企业的领域吞并的今天的大企业不顾前后的经营方式相比，他的企业经营方式，社会整体全部利益均衡，是最优的价值伦理经营。

四. 顾客满足主义

姜锡镇会长是以制造优秀的产品视为生命的实物经济的大家。从公司创业开始为了制造最好的产品而全力以赴，以品质第一主义信念为企业精神的核心。为了制造好的产品勤奋的研究和开发不惜投资和努力。

东明胶合板赢得了世界性的好名声，找到分散在全国各地的分销店，对一般消费者的倾向，如形状、纹理、色彩以及对装潢的喜好或者有着怎样的取向，将来应从哪个形势发展都一一询问调查，收集消费者的意见，根据舆论的动向努力研究和开发新产品。

他以产品的品质管理优先，绝不容许有瑕疵的产品。信用是商人的生命，生产完美的产品得到顾客的信任企业才能存在。虽然"顾客是上帝"的理论在今天的工厂中质量监控普遍化，但是当时这样的经营理论并不普遍。

有一天因为成品家具没有达到要求的质量，他在职员面前亲自将家具粉碎扔掉。向职员表明绝对不容许生产质量不达标的产品。做完美的产品是他恪守的原则。

这样，生产出的商品在海外也得到认证，同时也对扩展产品的销路起到帮助。1969年秋，从美国的"胶合板进口"邀请函开始，出口就拉开了新的篇章。因此1961年出口的胶合板盈利达到26万3千美元。与当时我国的出口成绩相比，这个比重已经非常大了。

五. 尊重人的生命和德治主义

【论语】中【雍也】中孔子谈到"夫人者，其欲立而立人，其欲达而达人"，意思是说应当先于自己考虑照顾别人的感受的行为，即"仁"。

姜锡镇会长向往血缘和地缘，根据人性和能力对待经营商的问题，对人也不分身份职位的高低。他反对职责上对人有差别的对待。公司的标语都用"请"和"一起"的字眼。给予为对方着想的时间，和人对话也用口语来表达，以便双方的意思都能很好的传达接受。

当时国民性的新农村运动直接关系到生产现场。为了深化运动，他果断的推行员工福利政策。开设新农村小铺，生产必需品也价格加入。依据新农村运营提供夜餐，扩大新农村奖学金的受惠对象，提供员工及其家属的免费诊疗，新农村会馆的成立，女子宿舍的竣工等这样具体的对待劳动者的优待福利事业在70年代其他企业人是不敢设想的。在他温暖的关怀下1970年代的东明木材公司已经跳跃成为具有巨大潜力的企业。

六. 事业报国主义

约50年半个世纪期间，姜锡镇会长本着国家利益思想和事业报国主义走过来，东明的成长成为国家利益的加法，为经济发展做出贡献。即"把企业当做自己的财产和所有物，通过企业实现自爱，为了国家的利益做出贡献是企业人一贯的精神"。他认为以企业的发展即国家经济的发展为根本，建设富裕的国家是应当承担的义务。

因为最先穿越于世界胶合板产业而得到了无数的功劳勋章。他的出口功劳为国家经济成长做出巨大的贡献。随着政府机构制定了出口最高奖授予制度后，1968年开始到1971年4年来连续获得国内出口第一，成为出口王国高高在上。他的经济理念也奉献于国家和人类社会，引导企业为事业报国奠定了基础。

他辉煌的事业报国之路也是其他企业利益社会的一部分。他并不认为所有财产都属于自己，他是为了社会的弱势群体将财产捐献的有名社会企业家。60年代是政治和社会非常混乱的时期。其中最紧迫的问题是战争孤儿和青少年问题。他通过B.B.S(Big Brothers and Sisters)运动为不幸的青少年和被释放的犯人提供独立的条件，为了国家的发展优先考虑，给那些人提供补助金，职业培训和安排就业。为了他们能够自立做基础工作。

姜锡镇会长挑战和创造的半个世纪也是爱国爱人民以及事业报国的半个世纪。他瞻前顾后为未来的发展做出计划，进取的意志和创新的思考，不屈的开创精神带领着韩国的经济发展。

七. 勤俭节约主义

他将佛教中奉行的慈悲和施舍精神运用到他的经营哲学中来提倡节约精神。他从饥饿贫穷不幸的韩国现代史中长大，白手起家的他从木材厂建立到40年后能成为出口王国，其中的生活哲学就是勤俭节约。

他将纸巾一分为二、一半使用，另一半收起来放在口袋里准备下次用。在公司里设计用的图纸和草案用纸也尽量有效利用不随便扔掉。而且在产品制造的过程中生产出的废弃物也活用开发成为"刨花胶合板"这种新产品。十年来他一条西裤和一双皮鞋的行装被很多人都见证过。勤俭节约的精神从他一生的实际行动中就可以看出。

当时釜山的教育家来访一看到他将纸巾对折使用就对他节约的精神发表了看法。"佛教中说杀生不是将生命终止，而是制造新的生命，无视万物的使用价值和效能，不只是人类的浪费，那也是对杀生的恶报。"

这个世界上存在的万物都具有先天性的价值。但是人类无视万物的存在和价值随意丢弃的行为就是杀生的行为。这是他具有的独特的哲学价值观。他认为"人身在世，只有勤劳的人不会被饿死，只有朴素的人不会有不足。所以想要幸福的生活就要勤勉，想要闲暇的生活就要朴素"，而且他终生以身作则。

八. 釜山无尽的爱

　　幼年时期在釜山扎根白手起家的姜锡镇会长对釜山有着像对故乡般的爱。执念以釜山为事业的根据地，给公司发展和经济的成长带来春天，企业得到的利益也为釜山的发展做出贡献，这样两者循环着。

　　60余年期间东明集团的公司和家庭从未向首尔或者其他地区搬迁过。东明集团的参谋者对东明产业总部迁移首尔提出了几点建议，他却认为"即使是小规模的企业搬迁也无异于东明向首尔搬迁"，为了釜山地区的发展他没有容许本部的迁移。而且，虽然首尔有工科大学，他也在釜山建立了学校，也就是现在的东明大学校和釜山港湾物流高中。

　　他时常对釜山市民保持着感恩的心情。他说"只有釜山市民的存在，今天我们工厂的发展才有可能，只有挥洒汗水的工人存在才有可能，只有给予发展机会的国家存在才有可能。"

　　因此，他为了报答釜山市民为了釜山经济发展才在釜山立住脚跟。经济发展步入轨道，釜山的工业也有了巨大的成长。带着对釜山地区人民雇佣的关心返回了釜山。特别是东明木材公司1969年有职工4000名，1980年达到10000名的职工象用量为釜山地区的劳动者提供了职位，从而为釜山市民的生计做出贡献。

　　他为釜山地区的经济发展奠定了基础。他历任釜山工商会议所6,7,8界会长，为釜山工商业的发展做了跳板。第二个五年计划期间，将总部迁移到釜山商会大厦以促进釜山出口中心的成立以及促进民营经济合作发展。并派出贸易代表团，对贸易机构和信贷方面进行信用调查，民间主导型引进外资，进行各种技能鉴定和技能竞争，推动釜山第二大桥的建成，形成釜山---下关轮渡港口(码头)服务，设立工商部釜山支部，输出商业联盟事务所等，为今天的釜山能够成为广域市起到了重大的作用。

姜锡镇会长为了釜山经济的繁荣和经济向上所采取的各种措施起到了主导作用。例如为了激活地方企业的资金筹措和地方金融，1967年创立了釜山银行，1969年创立了韩国证券釜山证券所。而且随着釜山港的运输量大幅度增加，1969年成立了釜山港码头管理协会。1973年为了筹措企业资金成立了釜山投资金融等。总之，他在解开了许多釜山要面临的问题上起到了先驱的作用。

第五章 姜锡镇会长的办学理念

一. 将育英作为毕生事业

姜锡镇会长少年时期经受过很多艰辛，因而在艰难的环境中存着一颗善良的心，对人保持着一份恻隐之心。这份恻隐之心在企业社员特别是生产线上的工人们的生活和困难方面倾注。这是他在对职工福利方面所做的深层思考。

对于工人的报酬和福利问题绝不能低于其他企业的待遇，也不吝啬投资于设施。他常常为了增加工人的福利而努力。作为一个雇佣者来说，对于被雇佣者的待遇和福利方面最简单的方法就是增加工资，但是为此所施策略仅仅是一时的救助，而使职工享受长期的真正的福利所进行的思考才是必须的。

工人在生活方面有困难若不给予教育上的引导通常会重复这种贫穷。想要摆脱贫穷的恶性循环就要使他们有机会学习，为他们营造一个学习的环境使他们接受教育。所以为了员工长期福利最好的方法就是使他们接受教育。因此姜锡镇会长决定创办学校。

这样，被称为东明文化学院的学校法人设立起来，以工人永久性的福利为旨意，减轻工人负担使他们们能够根据自己的特点和能力尽情的学习，为了将来富裕生活的实现做基础，最终还原到增加企业利润上来，这也是学院成立的另一个原因。

1960~70年代随着我国的经济成长，为了适应高度产业化的社会中要求人才的培养而设立学校是姜锡镇会长的报国思想中履行企业人的责任教育建国国家发展所作的贡献，也是时代性号召的表露。

二. 东明文化学院的设立

东明文化学院是作为姜锡镇会长的私有财产所成立的学校法人。他是白手起家的励志人物，因为贫穷未能完成学业一直耿耿于怀。所以对像自己一样因为没钱无法读书的不幸的孩子感到可惜。因此，1968年1月开始到1973年12月历任釜山大学期成会会长。

另一方面，国家想要发展的话没有比技术人力方面更加需求的了，所以他决定了为满足国家和社会发展需要致力于人才培养。他想要通过成立学校培育人才来做一个完美的认识结局。

他在人们生活的地方直接获取了技术的重要性和效用价值的经验。以15岁的低龄在家具厂实习向社会迈出了第一步，勤奋的学习技术最终成为国家的企业人。

因此姜锡镇会长重视现场的实际经验。他通过实际性的经验性的事实来强调熟练掌握技术的重要性。这样的信念下成立了学校 表面上是人文系统的学校实际上建立了以技术教育为主的工业学校。

所谓人才不仅仅是指具备高学历的人。在当今社会真正的人才是能满足需要所具备的能力和技术 有职业操守和使命感的人 并看似愚蠢却是以正直的品行去一心一意做事的具有职业精神的人。用姜锡镇会长的话来说 忠实于自己的事情 具有使命感和创造性 具有不屈的意志和百炼千磨的精神。关于他的教育事业的精神 在1974年釜山商工会所会长新年问候中有所体现。

> 我们不可能永远精力充沛，原材料也不能永远通畅。在这样的制约下提高生产率，提高产品质量只有期待有能力的人才来解决。确保人才是商人共同的问题，也包涵了一个商人的胸怀和谦逊的品行。这是因为商人拥有识别人才的能力，并且将人才培养到能为企业做出贡献的水平上，使人才具有坚定的国家观和企业观。经营学者们被称为"企业是人"。新年的早晨，再次回顾我们这些商人的话，应当培养能为国家，社会，企业做出贡献的人才。

作为世界性的企业反夏成长的东明成立学校的主旨是力争成为"国家百年大计"的基石 利用地域社会的机动力来培养人才。东明用50年为国家的发展培养更多的技术者并让这些技术者们造福更多的国家。

于是 他在工业建国的志向之下 为了满足国家和产业社会的要求培养了骨干技术人员 并且为了成立教育机关 将所有的私

人财产拿出来用于奖学金的设立和扩充投资。他慨世当时在财团中使用学校运营经费的腐败现象，从而建立了最民主的自律学院，以身作则走上了清廉的教育事业之路。

因此1977年4月11日在大约120万平方米的土地上成立了东明文化学院，就任理事。1978年5月25日被批准大学设立的计划并在12月28日得到了设立资格。1979年2月财团理事会长裴锡铉博士就任第一位校长成立了东元工业专门大学。基于设立人怀着成立综合大学的梦想，东明情报大学在1996年3月1日成立了。2006年3月1日得到了成立东明大学的资格，这样东明大学的教育事业得到了无限的发展。

三. 办学理念和教育目标

(一) 办学理念

姜锡镇会长将东明文化学院的办学精神定为"赋予人天才般创造能力的使命，为了实现这一使命将勤勉和诚实居于掌握知识和技术之上。为了祖国明天的繁荣和人民的福利做贡献，为了培养能够肩负得起重任的人才而成立东明文化学院。"

1970年代末我国勉强从贫困中摆脱出来。在这样时代背景和社会状况下成立的东明文化学院在培养人才方面，说小了是为了祖国和民族的前进，说大了是为了全人类而做出贡献，这就是具有博爱精神的建设者姜锡镇培养人才的教育思想的本质。

(二) 教育目的

办学理念的基础上，通过终审教育和应用创意性的知识和技术开发，培养为地域、国家、人类做出贡献的具有诚实的品质和责任感的人才。

(三) 教育目标

- 知识分子：培养在家庭、工作、社会生活中诚实、有责任心的具有优秀人格的知识分子。
- 技术人员：磨练知识和技术，履行职责，解决面临的问题不断创造新知识、开发新技术的创造性人才。
- 终身学习者：培养随时随地在工作的同时学习，学习的同时将工作终身学习生活化，不断开发潜力的终身学习者。
- 国际人：培养具有外国语能力，熟练掌握计算机技术，了解世界文化，具有专门知识和技术的能够生存于地球村任何一个角落的国际人。
- 志愿者：培养作为知识分子、技术人员、终身学习者以及国际人，将学到的掌握的知识和技术福利于社会、国家和世界，为了人类的共赢而献身的志愿者。

结 语

  东明姜锡镇会长出生于韩日新约签订的1907年创业于1925年。他作为一个企业家的人生开端是从19岁时创立了小规模的东明木厂所开始。东明木厂所是东明木材公司的母体。独立以后，东明木材公司作为韩国现代经济发展的起点，1960年成为胶合板出口的先驱以及牵引使韩国成为出口强国。

  国内经济受到了东明木材公司巨大的影响，这也是以创立人姜锡镇会长的经营理念为基础的经营战略的成果。这样经营战略的成果就像本文所述，"东明"不仅仅是一个企业，对整个韩国经济的发展也具有远大的影响力。

  被称为中国创业之父的白圭(公元前370年~公元前300年)说"买卖如战争"。即挣钱需要非常深刻的决心，姜锡镇会长克服了所有的苦难和逆境创造了东明木材王国的神话。他的企业理念一直流传到今天。他保持着"商人本分才能使事业做大，才能提供给人们职位以保障其生计，保证纳税是国家运营的坚强后盾"这样的报国哲学。

  而且，姜锡镇会长将儒家伦理道德应用到资本主义的体制中来，他的企业经营方式以家族性的人类关系"人情"为基础，促使"东明家族"形成都是受到了父亲的影响，基于幼年时期受到的儒学教育。他将韩国传统思想与西方理性主义相结合，使东明木材公司成长为韩国乃至世界性的大企业。

  "作为成功商人，应当具备坚定的理念，抓住机会的能力，把握形势的能力，下定决心，然后将资金集中做生意，为了事业的扩大选择正确的战略思想。"这是作家李鋍光的分析。姜锡镇会长的行迹，方法，成功，坚持以及他将哲学一点一点的集中起来将东明王国做成另一番风景。这样的经验基础上他所保留的灿烂的遗产在形势巨变的21世纪对漂流的韩国经济以明确的指导。

附录

一. "东明大奖"的制订意义

在产业社会为韩国输出和近代化做出贡献的，被称为"20世纪照亮釜山"的本土企业家姜锡镇先生，其挑战、创新、奉献精神顺应知识情报化的时代，为了在后世能够延续他的这种精神，以民间为主导代表釜山所制订的公益性奖励制度。

因此，"东明大奖"以釜山地区为活动中心，为地方以及国家发展做出明显的贡献。形成人事产业部门，教育研究部门，一般部门，意在提高釜山的地位和市民福利以及体现爱乡之心。

二. 勋章与褒奖的提要

金奖产业勋章(2次) 第63号 第745号

银奖产业勋章(3次) 第77号 第94号 第746号

铜奖产业勋章(3次) 第105号 第149号 第747号

人民褒奖(5次)

产业褒奖(4次)

殖产褒奖(1964年)

公益褒奖(1965年)

红十字有功勋章(2次) 第52号 第482号

输出有功总统奖(2次) 第10号 第13号

韩国输出金奖(4次) 1968~1971年

总统表彰(28次)

副总统表彰 此外，他被授予奖项330次。

三. 姜锡镇会长的简历

日 期	简 历
1907年 12月	出生在庆尚北道清道郡丰角面
1925年 4月	东明木厂成立(釜山市东区佐川洞 67-4)
1945年 1月	胶合板生产厂扩展到移动到釜山市镇区凡一洞862
1949年 1月	公司更名为东明木材商社 成为老板
1959年	开始从热带进口木材
1960年 4月	在釜山市南区龙塘洞开始了第一胶合板厂建设
1961年 9月	胶合板出口到海外市场, 韩国的第一次启动
1962年	东明木材的出口收入突破30,000美元
1963年 12月	第一胶合板厂建成(釜山市南区龙塘洞123)
1966年	在釜山市龙塘洞127-2开始了第二胶合板厂建设
1967年 4月	新的加工和胶合板工厂福尔马林(formalin)厂建成
1967年 11月	第二胶合板厂建成
1968年 11月	东明木材的出口收入突破2175.00万美元
1968年 12月	第二新的加工和胶合板工厂
1969年 11月	东明木材的出口收入突破29,900,000美元
1972年	刨花胶合板(particle board)厂建成
1973年	开始第三胶合板厂, 涂料厂开始
1974年 1月 29日	荣誉哲学博士学位取得(中华民国中华学术院)
1974年	第三胶合板厂建成. 化学处理厂设立
1974年 11月 19日	东明产业股份公司设立
1975年	清漆(varnish)工厂开始建设, 开始建立液压机械厂
1975年	富荣股份公司成立, 高压软管厂开始建设
1976年	东明出口包装股份公司成立, 东明海运股份公司设立
1977年 1月 1日	东明开发股份公司设立
1977年 4月 11日	特许东明文化学院邀请就职董事长
1978年 1月 1日	东明重工业股份公司设立
1978年 12月 28日	东元技术学院设立
1979年 2月 14日	东明食品股份公司设立
1984年 10月 29日	享年77岁溘然长眠

윤미영

중국근대사와 영화사를 전공으로 하여 「추근(秋瑾)의 여성해방운동에 대한 일고찰」로 숙명여자대학교에서 문학석사학위를, 「淸末民初妇女解放运动研究」로 중국 북경사범 대학교에서 역사학박사학위를 취득했다. 그리고 한국학술진흥재단의 박사후연수과정 에 당선되어 동의대학교에서 Post Doc. 과정도 이수했다. 부산대학교 중국연구소 전임 연구원과 (사)여성문제연구회 부산지회 연구이사를 역임했고, 신라대학교 여성문제연 구소 연구위원으로도 활동하고 있다.

저서로는 『동명 강석진의 불교사상』, 『영화 속의 중국문화』, 『중국역사와 영화의 만남』, 『영화로 본 중국여성사』, 『중국근대여성사』와 번역서 『경극의 이해』가 있다. 「강유위 의 《대동서》에 나타난 여성해방사상」, 「청말민초 여성관의 변천과 특징」, 「신해혁명 시기의 여성해방운동」, 「5·4운동시기의 여성해방사상」, 「中国近代重要人物的妇女教 育思想」, 「中国近代妇女爱国运动与女权运动」, 「中国共产党建党初期的妇女运动」을 비 롯하여 다수의 학술논문을 발표했다.

현재는 동명대학교 자율전공학부 초빙교수로 재직하고 있다.

찬란한 유산
灿烂的 遗产

『강석진과 동명목재상사
姜錫鎮和東明木材公司

초 판 인 쇄 | 2011년 7월 31일
초 판 발 행 | 2011년 7월 31일

지 은 이 | 윤미영
펴 낸 이 | 채종준
펴 낸 곳 | 한국학술정보㈜
주   소 | 경기도 파주시 교하읍 문발리 파주출판문화정보산업단지 513-5
전   화 | 031) 908-3181(대표)
팩   스 | 031) 908-3189
홈 페 이 지 | http://ebook.kstudy.com
E - m a i l | 출판사업부 publish@kstudy.com
등   록 | 제일산-115호(2000. 6. 19)

ISBN   978-89-268-2428-3 03990 (Paper Book)
        978-89-268-2429-0 08990 (e-Book)